나는
불평을
그만두기로
했다

나는 불평을 그만두기로 했다

초판 1쇄 발행 2020년 4월 20일

지은이 크리스틴 르위키
옮긴이 조민영

펴낸이 조기흠
편집이사 이홍 / **책임편집** 정선영 / **기획편집** 유소영, 송병규, 임지선, 박단비
마케팅 정재훈, 박태규, 김선영, 홍태형, 배태욱 / **디자인** 문성미 / **제작** 박성우, 김정우

펴낸곳 한빛비즈(주) / **주소** 서울시 서대문구 연희로2길 62 4층
전화 02-325-5506 / **팩스** 02-326-1566
등록 2008년 1월 14일 제 25100-2017-000062호

ISBN 979-11-5784-408-1 03190

이 책에 대한 의견이나 오탈자 및 잘못된 내용에 대한 수정 정보는 한빛비즈(주)의 홈페이지나
이메일(hanbitbiz@hanbit.co.kr)로 알려주십시오. 잘못된 책은 구입하신 서점에서 교환해드립니다.
책값은 뒤표지에 표시되어 있습니다.

⌂ hanbitbiz.com f facebook.com/hanbitbiz N post.naver.com/hanbit_biz
▶ youtube.com/한빛비즈 ◉ instagram.com/hanbitbiz

지금 하지 않으면 할 수 없는 일이 있습니다.
책으로 펴내고 싶은 아이디어나 원고를 메일(hanbitbiz@hanbit.co.kr)로 보내주세요.
한빛비즈는 여러분의 소중한 경험과 지식을 기다리고 있습니다.

나는
불평을
그만두기로
했다

크리스틴 르위키 지음
조민영 옮김

내 삶이 즐거워지는 21일 프로젝트

ⱧƷ 한빛비즈
Hanbit Biz, Inc.

나의 사랑, 나의 남편 필립에게

불평은 당신에게 아무런 도움을 주지 못한다

불평은 하나의 태도이며, 흔히 주변의 문화와 관련한 정신의 습관이다. 발리나 모리셔스 섬에서 불평하는 사람은 거의 없다. 그런 곳에서는 긍정적이냐 부정적이냐를 따지지 않고 삶이 베푸는 것들을 고스란히 받아들이기 때문이다. 미국에서는 사람들이 불평을 좀 덜할지 모르겠다. 거기서는 말보다 행동이 앞서니까.

프랑스 사람들은 불평이 많다. 장 콕토는 프랑스인들을 일컬어 "프랑스인은 기분이 안 좋은 이탈리아인이다"라고 평했다. 프랑스 같은 수직적 사회에서는 비판을 하는 쪽이 비판을 받는 쪽보다 '더 낫다'고 여긴다. 또한 이상하게도 은근히 긍정적인 것을 금기시하는 분위기가 있다. 지난 가을에 발표된

한 여론조사에서는, 프랑스인의 41퍼센트가 친절한 태도를 보이면 바보 취급을 당한다고 생각한다는 결과가 나왔다. 이런 사고방식이 자리 잡은 건 어제오늘 일이 아니다. 1963년에 프랑스의 시나리오 작가 미셸 오디야르의 영화 〈지하실의 멜로디〉에서 배우 장 가뱅은 이렇게 말했다. "중요한 건 말이야, 불평을 늘어놓는 거야. 그래야 멋있어 보이거든."

그러나 불평 뒤에는 아마도 우리가 전혀 의식하지 못하는 다른 이유가 있을 것이다. 예를 들어 불평을 함으로써 자기가 생각하는 자신의 불완전함, 혹은 남들이 판단하는 불완전함에서 벗어날 수 있다. 배우는 과정에 있는 학생이 어릴 적부터 잘한 일을 칭찬받기보다 실수를 지적받는 사회 분위기에 길들여졌다고 하자. 이런 사람은 자존감이 부족한 어른으로 성장하기 십상이다.

불평은 불평하는 사람의 태도에 드물지만 몇 가지 부수적인 이점을 가져다주기도 한다. 그래서인지 당사자는 그런 식으로 자기감정을 표현하면서 자신의 불행 속으로 날마다 더 깊이 빠져든다는 사실은 미처 알아차리지 못한다. 겉으로는 불평이 자아의 어떤 상처들을 보상해줄지 모르지만, 절대 그 상처를 치유하지는 못한다.

살다 보면 누구나 한두 번쯤은 이 지옥 같은 악순환에 말려들게 마련이다. 자칫 방심하면 어느새 불평 모드가 가동되기 때문이다. 그러나 불평한다는 사실을 단순히 자각하는 것으로 끝날 문제가 아니다. 자신에게 불평하기 시작하는 순간 위험은 눈덩이처럼 불어나기 때문이다. 따라서 이 상황에서 적절한 질문은 이것뿐이다. "불평이라는 악순환에서 어떻게 벗어날 것인가?"

어느 날 자포자기 상태로 진료실 소파에 누워, 정신과의사에게 불평을 쏟아내며 15년을 보내고 싶은 사람은 없을 것이다. 크리스틴 르위키는 바로 이런 사람들을 위해 이 책을 썼다. 저자는 문제를 해결하기 위해 직접 다양한 방법을 시도했고, 이 책에는 경험에서 우러나온 저자의 노하우가 담겨 있다. 이것이 이 책의 큰 장점이자, 다른 책과 비교할 수 없는 특징이다. 다시 말해 저자가 들려주는 이야기는 바로 자신의 생생한 경험담인 것이다!

이 책은 학구적으로 틀에 박힌 정보를 제공하기 위해, 낯선 현상을 냉철하고 분석적으로 바라보는 무심한 이론가의 저술과는 거리가 멀다. 오히려 저자의 체험과 현실에 대한 자각, 일상과의 부딪힘에 토대를 두고 있다. 따라서 저자의 취향과 향기, 경험의 힘이 담겨 있는 만큼 이 책은 귀중하고 요긴하다. 불평하는 당사자뿐 아니라 주변의 모든 사람이 함께 읽어야 할 책이다. 불평하느라 엉뚱한 데에 신경을 곤두세우다 보면 불평하는 사람이나 듣는 사람 모두 좋지 않은 영향을 받기 때문이다.

미국에는 이런 말이 있다. "어떤 것에 집중하면 그것이 점점 커진다What you focus on expands." 잊고 지냈던 문제나 결점, 불완전함이나 단점을 자꾸 들추어내면 평소에는 별로 중요하게 생각하지 않았던 문제들이 점점 부각된다. 그리고 이 문제들이 우리를 침범할 빌미를 제공하게 된다.

그러다 보면 우리 삶 전체가 환멸의 악취에 휩싸여 불만의 우울한 기미를 띠게 된다. 우리 삶에서 불평은 단 한 번뿐이어야 한다. 그것이 마지막 불평이어야 한다.

로랑 구넬Laurent Gounelle •

• 프랑스의 철학소설가. 지은 책으로 《행복하고 싶었던 남자》《어리석은 철학자》《신은 익명으로 여행한다》《가고 싶은 길을 가라》 등이 있다.

끝없는 불만의 생활에서 벗어나자

나 자신도 정말 믿을 수 없는 일이 벌어졌다! 2010년에 이 책의 초판이 출간된 이후, 대성공을 거둔 것이다. 그러니 이 책을 읽고 있는 당신도 수천의 '비非불평족' 대열에 합류한 셈이다. 우리 사회의 미래를 생각하면 정말 좋은 소식이다! 이 책의 성공은 최근 들어 자기계발 분야가 눈에 띄게 발전하고 있음을 증명하는 것이니, 기쁜 소식이 아닐 수 없다. 점점 더 많은 사람이 자신에게 투자하고 코칭 수업에 등록한다. 인식의 영역과 지평을 넓히고, 보다 만족스럽게 살아가고자 세미나와 명상에 참여하는 사람들도 늘고 있다.

나는 가끔 '불평을 그만두기 위한 21일간의 도전' 과정을 돌이켜보곤 한다. 그럴 때마다 자기계발을 향한 여정에서 이 도전이 가장 중요한 단계였다고 생각한다. 도전을 하고 나면 아마 당신도 마찬가지이리라.

나는 여러 세미나(www.christinelewicki.com/wake-up)를 조직해왔고, 이 세미나를 통해 수백 명의 사람들을 만날 수 있었다. 내 코칭 수업에 참여한 사람들은 대개 욕구불만을 느끼고 있었다. 아무리 노력하고 자신에게 투자해도, 자신이 진짜 원하는 삶을 얻지 못했기 때문이다. 그럴 때마다 우리 모두는 늘 근본적인 생각으로 되돌아오게 된다. 바로 '불평을 그만둔다'는 생각에서 매번 발길이 멈추는 것이다!

나는 긍정의 아이콘을 자처하는 사람들을 많이 만난다. 그들은 문제가 생겼을 때 적극적으로 대처한다. 또한 컵에 물이 반밖에 없다고 생각하기보다, 반이나 있다고 생각하는 사람들이다. 나도 이 부류에 속하기 때문에 이런 사람들에게는 각별한 유대감을 느낀다. 심지어 나는 서점에서 이 책《나는 불평을 그만두기로 했다》를 발견해도, 절대 사지 않을 거라고 다짐하는 사람이다. '나는 저런 책 필요 없어. 불평을 안 하니까!'라고 생각하기 때문이다.

'불평'에 대해 이야기하다 보면 주변에 있는 불평꾼들이 떠오를 것이다. 별것 아닌 일에도 입만 열면 불평인 동료들이나, 만족이라곤 눈곱만큼도 모르는 가족의 일원이 떠오르는가? 이들과 있으면 짜증이 치밀어 마주치고 싶지도 않다. (나를 포함해) 대부분은, 자기는 그런 사람이 아니라고 장담할 것이다. 그렇다면 자신은 불평하지 않는다는 말인가? 예를 들어 당신 아이가 부엌에서 우유를 엎지르면 어떻게 하겠는가? 차가 막혀 도로에 꼼짝없이 갇힌다면? 사무실에 처리해야 할 일이 산더미같이 쌓여 있다면 어떻겠는가? 아마 당신이 불평꾼으로 지목한 사람들처럼 행동하지는 않을 것이다. 그렇다고 불평을 안 한다고 할 수 있을까?

그럼 불평을 그만두는 것이 왜 그토록 중요할까? 불평하는 동안에는 자신을 그 상황의 피해자로 만들기 때문이다. 나에게 이런 절망감을 안겨준 사람을 지목해 가해자로 몰고, 비난받아 마땅하다고 생각하는 것이다.

불평을 그만두기 위한 21일간의 도전은, 당신을 자유의 세계로 안내할 여정에서 가장 중요한 단계이다. 이 도전에 임한다는 것은, 아침에 눈을 떴을 때 오늘은 무슨 일이 있더라도(혹시 깜짝 놀랄 만한 일이 있더라도) 무언가 혹은 누군가로 인한 피해자가 되지 않겠다고 결심한다는 뜻이다. "나는 피해자가 되지 않겠어!"라고 자신만만하게 선언했다고 하자. 강력 범죄 같은 대단한 사건의 피해자를 말하는 것이 아니다. 매일 일어나는 무의미하고 사소한 욕구불만의 피해자를 말하는 것이다. 다시 말해 당신의 삶에서 더 이상은 엎질러진 우유의 피해자가 되지 않겠다고 마음먹는 것이다. 꽉 막힌 도로의 피해자도, 과도한 업무의 피해자도 되지 않겠다는 말이다. 그러면 어떻게 행동해야 할까? 피해자를 자처하며 행동하는 것과, 앞으로 살아갈 날들을 스스로 책임지는 것. 이 둘은 완전히 다른 길이다.

이제부터 피해자 행세를 하지 않겠다고 결정하면 모든 게 가능해진다. 삶을 변화시켜 한 발짝 더 나아가고 싶다면, 불평을 그만두고 성큼 걸어나가면 된다. 그게 당신이 해야 할 일이다.

나는 더 이상 막무가내로 버티지 않겠다고 결심했고, 이 책에는 그러한 결심 이후의 이야기를 담았다. 나는 이 책에서 내가 했던 도전을 소개하고, 그 과정에서 깨달은 것들을 여러분과 나눌 것이다. 이 도전은 내 삶을 근본적으로 바꿔놓았다. 이 책의 많은 독자들도 이 모험에 기꺼이 동참했다. 이들은 내 블로그(www.jarretederaler.com)에 자신의 도전기를 올려주었다. 성공담은 물론 힘겨웠던 도전 과정과 기기에서 발견한 모든 것들을 낱낱이 공유해주었다.

나는 이들의 글을 읽으면서 한 가지 사실을 마음 깊이 깨달았다. 변화해야겠다고 마음먹을 때는 열정과 흥분이 가득하지만, 막상 변화를 실천하려고 할 때는 어려움을 느낀다는 것이다. 실생활에서 겪는 이런 어려움은 때론 가혹하기도 하다! 또한 아무리 의지가 강해도 이따금 막다른 길에 갇혀버릴 수 있다. 혹은 낡아빠진 메커니즘이나 시대에 뒤떨어진 믿음, 또는 과거의 기준에 얽매이기도 한다. 이런 부정적 요소들이 우리 삶을 더럽히고 구속한다. 삶의 태도를 바꾼다는 건 정말 훌륭한 일이지만 어려운 일이기도 하다! 현실에서 무기력하고 뒤처지고 지친다는 느낌이 들 때, 그때는 어떻게 할까?

그럴 때 이 책 《나는 불평을 그만두기로 했다》를 강력하게 추천한다. 동시에 당신이 이 여정에 동참하기를 간절하게 바란다! 이 책에는 이론과 실천, 참고할 만한 일상의 사례들이 한데 담겨 있다. 당신은 분명하고, 자신감을 불어넣는 메시지를 찾게 될 것이다. 촌철살인의 메시지가 바로 이 책이 사랑받는 비결이다. 또 이 책에는 실생활에 적용할 수 있는 팁과 챌린지들도 들어 있다. 이들을 착실히 따르다 보면, 유쾌하고 구체적이며 확실한 방법으로 삶을 차근차근 되찾게 될 것이다.

얼마나 많은 자기계발서가 책장에서 먼지를 뒤집어쓰고 있는가? 읽을 때는 용기를 북돋워주지만, 돌아서면 잊어버리는 글들은 또 얼마나 많은가? 원하는 삶을 살고 싶을 때 해야 할 일들이, 실제 삶에 뿌리를 내리지 않는다면 아무 소용이 없다. 이 사실을 명심해야 한다.

나는 이 책에서 당신이 얻은 의욕과, 당신이 실천해야 할 행동을 결합할 방법을 알려줄 것이다. 이 책이 전하는 메시지는 의욕을 샘솟게 하고, 이 책이 제시하는 질문들은 깨달은 바를 행동으로 실천하게 도와줄 것이다. 그렇게 당신은 삶의 주도권을 다시 쥐게 될 것이다. 당신 안에 숨겨져 있고, 자나 깨나

활용될 날만을 기다리는 모든 자원들을 발견하게 될 것이다. 당신 삶에서 모든 존재들이 반짝반짝 빛나게 될 것이다. 나는 내 삶이 "평범하기 그지없고 늘 섹시하지도 않다"고 말한다. 그래도 내 삶에는 기회와 풍요가 가득하다.

차례

추천사 •6
프롤로그 •10

1부

불평을 그만두는 도전을 시작하다

1장 도전은 어떻게 시작되었는가 •23

　　나는 불평꾼이다 •24

　　불평의 부정적 파장을 느끼다 •28

　　도전의 시동 걸기 •29

2장 불평 뒤에 숨은 얼굴 •32

　　누구나 행복하기를 바란다 •33

　　행복을 선택하기를 두려워하지 마라 •35

　　도움을 분명하게 요청하는 것부터 시작하자 •41

　　반사적인 불평에서 벗어나라 •43

　　농담 삼아 불평하기 •46

　　불평하기와 체념하기 •47

　　과시하기 위해 불평하기 •48

　　더 많은 사람이 동조하기를 바라며 불평하기 •52

　　항의하기 위해 불평하기 •53

　　챌린지 •59

2부

21일간의 도전 과정

3장 행복을 선택하라 ·93

불평을 그만두기 위해 복권에 당첨될 필요는 없다 ·94

행복해지는 법은 배울 수 있다 ·96

불평을 그만두는 도전으로 삶을 재구성하라 ·97

현재에 충실하라 ·99

부정적인 생각을 떨쳐버려라 ·101

모든 상황을 통제할 수는 없다 ·105

무엇이 최선인지 항상 알 수는 없다 ·107

사람들이 짜증 나게 할 때 ·113

4장 소통 방법을 바꿔라 ·118

불평은 인간관계에 골을 만든다 ·118

한 발 뒤로 물러나 생각하라 ·120

과장하지 마라 ·123

정확히 표현하라 ·127

오해를 해소하라 ·128

요구사항과 실망감을 구분해서 표현하라 ·129

불평을 감사와 축하로 바꿔라 ·137

5장 삶을 주도하라 ·145

내일로 미루지 마라 ·145

스스로를 피해자로 여기지 마라 ·148

엉뚱한 대상을 가해자로 몰지 말자 ·152

압력이 폭발하지 않게 주의하라 ·154

상황을 예상하라 ·158

불완전함을 인정하라 ·161

삶의 기쁨을 되찾아라 ·162

내면의 감시자를 침묵하게 하라 ·164

자신과 타인에게 기여하라 ·166

챌린지 ·175

3부

불평하기에서 감사하기로

6장 당신도 할 수 있다 ·213

원칙 ·215

왜 21일인가? ·215

불평하지 않고 사는 것은 가능하다 ·219

팔찌를 활용해야 하는 이유 ·220

불평의 기준 세우기 ·222

내가 도전을 시작했을 때 ·226

도전의 4단계 ·229

불평을 그만두면 행복이 들어선다 ·232

7장 먼저 도전한 사람들의 질문과 그에 대한 답변 •237

이 도전에 성공하려면 얼마나 걸릴까요? •237
훈육도 불평에 속하나요? •240
뒷담화도 불평에 속하나요? •243
불평을 그만둔다고 긍정적인 변화가 일어날까요? •246
다른 사람이 불평을 그만두게 할 수 있을까요? •250
죽을 때까지 불평하면 안 되나요? •252

챌린지 •259

도전을 마치고 나서 •305

21일 뒤에 •307
삶을 바꾸다 •308

주 •313
참고문헌 •316
부록_ 비폭력 대화법 •320

1부

불평을

그만두는 도전을

시작하다

이 책 본문 중간중간에 나오는 챌린지는, 바로 해당 페이지를 찾아가 하지 않고, 본문을 다 읽고 난 뒤에 해도 된다.

1장

도전은
어떻게
시작되었는가

　솔직히 말하면 모든 것이 어떻게 시작되었는지는 정확히 기억나지 않는다. 여하튼 나는 이 도전을 완수하겠다는 목표를 세웠다. 확실한 건 2009년 봄과 2010년 봄 사이, 불평을 그만 둬야겠다는 욕구가 서서히 일었다는 것이다. 그러고도 이 결단이 단단히 여물기까지는 시간이 좀 더 필요했고, 2010년 4월에야 비로소 시동을 걸고 출발할 수 있었다.

　이제부터 그 상세한 과정과, 이 독특한 모험에 이끌린 이유들을 이야기해보려 한다.

나는 불평꾼이다

이 도전을 하고 싶다고 생각한 건, 내가 굉장히 불평이 많은 사람임을 깨달았기 때문이다. 생각대로 되지 않거나 짜증 날 때 혹은 피해자가 된 것 같을 때, 사정없이 불평이 튀어나왔다! 평소 긍정적인 사람이라고 자부해왔는데….

온종일 '참고 견디느라' 속이 까맣게 탄 채, 밤마다 지쳐 곯아떨어지는 일이 반복되었다. 아이들 등교 준비를 하고, 사업을 진척시키고, 시간을 지키느라 애쓰고, 집안일이나 사업에 필요한 것들을 준비하고, 이런저런 골치 아픈 일들을 처리하느라 하루하루가 전쟁 같았다. 잠자리에 들 때마다 오늘 하루를 값지게 보냈는지 생각해보았다. 하지만 결과는 늘 마이너스였다.

내 하루는 평범하기 짝이 없었다. 별 대단한 일도 생기지 않았다. 여느 날과 다름없는 그야말로 일상의 반복이었다.

문득 궁금했다. '도대체 무엇 때문에 일상을 즐기지 못할까?' 우울한 날들이 계속되었고, 급기야 이런 말버릇까지 생겼다. "나중에, 세 아이(특히 막내)가 다 크면, 사업이 번창하면, 나한테 더 많은 시간을 낼 수 있을 때, 휴가를 가면, 올 여름 우리 가족이 나를 좀 도와줄 수 있을 때…." 그러니까 나중에, 오로지 지금이 아닌 나중이 되어야만 더 평화로울 수 있었다.

갑자기 이런 생각이 들었다. '더 행복해지려고 왜 내일까지 기다려야 하지? 말도 안 돼. 일상이야말로 진짜 삶이잖아. 그렇지 않아?'

> **챌린지 1 : 나는 어떤 식으로 불평하는가?**(63쪽)

어느 현자가 이런 말을 했다. "어제는 더 이상 존재하지 않고, 내일은 아직 존재하지 않으며, 오직 오늘만이 존재한다." 물론 이미 들어본 말이었지만, 나는 이제부터 이 말을 실천에 옮겨야겠다고 결심했다.

'워킹맘'인 나는 내가 운영하는 회사 일과 육아에 하루 종일 허덕인다. 세 아이는 다 다른 학교에 다니는데다 방과 후 활동(수영, 축구, 피아노 등)을 한다. 나는 자원봉사로 로스앤젤레스코칭연맹ICFLA에서 운영진도 맡고 있다. 모든 것이 엄청난 속도로 정신없이 뻗어나가는 이 도시에서 여자로서, 아내로서, 엄마로서 살아가는 나에게 가족의 도움이란 먼 나라 이야기일 뿐이다!

나는 밤마다 침대에 누워 눈을 크게 떴다. 그리고 어떻게 하면 앞으로 일상이 좀 더 가뿐하고 만족스러운 삶의 원천이 될수 있을까 고민했다. 하지만 내 삶은 혼란스럽기만 했다.

우리는 삶에서 특별히 즐겁고 행복한 순간들을 경험한다. 예컨대 주말, 휴가, 축제, 한바탕 웃고 떠드는 친구들과의 저녁

식사, 로맨틱한 외출, 결혼, 여행 같은 순간 말이다. 또한 마사지를 받으며 긴장을 풀 수 있는 소중하고 소박한 순간들도 있고, 오로지 자신만 생각하는 순간들도 있다. 이 모든 시간들은 쳇바퀴 돌 듯 반복되는 일상에서 벗어나게 해주는 행복하고 벅찬 순간이기도 하다. 그러나 이것이 비교적 제한적이고, 불행하게도 드물거나 아니면 예외적인 상황에서만 지속되는 행복임을 인정하지 않을 수 없다.

그렇다면 이런 특별한 순간이 아닌 삶의 나머지 시간들은 어떨까? 지극히 평범하고, 여러 가지 일들이 톱니바퀴처럼 맞물려 돌아가는 일상 말이다. 가만 생각하면, 이 모든 '평범한' 시간들을 무작정 흘려보내는 것은 엄청난 낭비였다. 그 시간의 매력을 발견하지도, 느끼지도 못한 채 말이다.

언젠가는 죽을 거란 사실을 알기에 나는 나날의 행복을 원한다. 그래서 1분 1초가 더없이 소중하다. 내 인생은 선물이고, 나는 그것을 최대한 누릴 작정이다.

나는 불평할 때 가장 많이 피폐해진다는 것을 깨달았다. 일하다 투덜대고, 컴퓨터에 짜증 내고, 차 안에서 화를 내고, 험담을 늘어놓고, 아이들에 대해 푸념하고, 한숨 쉬고, 인상 쓰고, 허구한 날 불평을 퍼부었다. 이런 행동들은 내 삶을 더럽혔고, 현실적으로도 정말 비생산적이었다.

베개를 베고 누워 침대맡의 스탠드를 응시할 때마다 의문이 들었다. 나는 '인생은 아름다워'라는 말을 달고 사는 부류의 인간인데, 왜 불평을 하고 있지? 나는 건강했고, 비교적 쾌활하고 긍정적인 사람이었다. 결혼 생활도 만족스러웠고 아이들밖에 모르는 엄마였으며, 내 일을 사랑했다. 그럼에도 사정이 어떻든 불평할 구실을 찾았고, 욕구불만에 녹초가 된 채 공허한 상태로 잠이 들곤 했다.

➤ 챌린지 2 : 내가 불평하는 이유를 알아보자(69쪽)

달라이 라마는 이렇게 말했다. "행복하다거나 불행하다는 느낌이 우리가 처한 상황에 따라 달라지는 경우는 절대적으로 드물다. 그보다는 오히려 상황을 이해하고, 가진 것에 만족할 수 있는 우리의 능력에 좌우된다."

그때 이런 생각이 떠올랐다. '그냥 아주 단순하게, 내가 불평을 그만둔다면?' 그렇다. 나는 그때 '그냥 아주 단순하게'라는 말을 썼다. 도전을 해보고 이 글을 쓰는 지금은 그것이 그냥 할 수 있는 일이 아님을 뼈저리게 느끼고 있다.

불평을 그만두겠다는 발상은 특히 행복에 관해 사색할 때 떠오를 수 있다. 책을 많이 읽고, 관련 세미나에 가보는 것도 좋다. 아니면 21일 연속 절대 불평하지 않겠다고 다짐하는 것부터 시작할 수도 있다. 그리고 오늘 당장 불평 없는 삶을 위해 최선을 다하기로 결심할 수도 있다. 그다음 어떤 일이 벌어지는지 살펴보라!

　나는 10년째 미국에 살고 있는데, 여기서는 21일 동안 불평하지 않기(혹은 금연, 명상, 체중 감량, 감사하는 마음을 표현하기 등) 같은 도전이 매우 유명하다.[1] 나는 속으로 이렇게 생각했다. '이제 더는 물러설 수 없어. 나를 위해, 내 삶을 위해, 우리 가족을 위해 끝까지 이 도전을 해내야 해.' 왜 기간을 21일로 정했는지 그 '이유'에 대해서는 이 책의 3부에서 상세히 설명할 것이다(215쪽).

　도전을 시작할 당시에는 내가 얼마나 자주 불평을 하는지 알지 못했다(하지만 그 정도를 알고 난 뒤 나는 엄청난 충격을 받았다!). 도전을 마쳤을 때 어떤 결과가 기다리고 있을지도 전혀 알지 못했다.

불평의 부정적 파장을 느끼다

　내가 이 도전을 하고 싶었던 또 다른 이유는, 주변 사람들이 불평할 때 엄청나게 기를 빼앗긴다고 느꼈기 때문이다. 나는 도시에서, 직장에서, 집에서 불평하는 사람이 가까이 있으면 영향을 많이 받는다. 또한 이들이 발산하는 부정적인 '파장'을 민감하게 느끼며, 이 파장은 내 하루에 영향을 미친다. 때로는 사람들의 분노를 느끼고 때로는 그들의 하소연을 내 일처럼 생각한다. 심지어 죄책감을 느끼면서 그들이 나 때문에 불평하는 건 아닌가 자책하기도 한다!

▶ **챌린지 3 : 부정적인 태도에 얼마나 물들어 있는가?**(71쪽)

당신은 어떤가? 당신 주변에도 불평하는 사람들 천지인가? 그들의 불평을 들으면 어떤 기분이 드는가?

나는 실생활에서 불평하는 사람들과 함께 있을 때 그 파장을 민감하게 느꼈다. 그래서 남편과 아이들, 친구들, 직업적인 관계에서 혹은 회사 직원들 앞에서 내가 불평을 줄이는 것이 얼마나 중요한지 깨달았다.

내가 다른 사람들의 불평에 민감한 만큼, 나 자신이 바뀌어야 했다!

도전의 시동 걸기

진심으로 이 도전을 시작해야겠다고 결심하고, 말하자면 시동을 걸었던 날을 정확히 기억한다. 사실 몇 주 전부터 잠자리에 들면서 속으로 이런저런 생각을 하긴 했지만, 아직은 이 도전에 응할 용기가 없었다. 21일 동안 불평 없이 지낸다니, 그건 엄청난 도전이었다! 나는 시간이 없다느니, 시기가 적절하지 않다느니 하며 갖가지 변명을 늘어놓았다. 게다가 할 일을 또 만들어서 스트레스를 늘리고 싶지도 않거니와, 새로운 일을 벌여 나를 구속하기는 더더욱 싫었다.

그러던 어느 날, 친한 친구들 모임에서 나는 드디어 도전의 시동을 걸었다. 사빈이라는 친절한 친구가 우리를 집에 초대해, 함께 식사를 하던 날이었다. 부모들이 커피를 들며 이야기를 나누는 동안 아이들은 자유롭게 뛰노는 일요일의 근사한 식사 자리였다. 그 자리에서 우리는 불평꾼들에 대해 이야기하기 시작했다. 주변에 그런 사람이 있으면 견디기 힘들 거라는 데 하나같이 동의했다. 거기서 나는 이렇게 말하고 있었다. "입만 열면 불평인 사람들은 솔직히 무능한 거야. 그 시간이 얼마나 아깝니…." 그때 갑자기 뭔가가 번쩍했다. 불평하는 사람들에 대해 불평을 하고 있었던 것이다!

이런 백해무익한 습관과 악순환에서 벗어나 행동에 나서야겠다고 결심하려면 이 같은 깨달음이 필요했다. '나는 불평을 그만둔다'는 도전은 이렇게 탄생했다. 나는 짧은 영상을 하나 찍어 임시로 개설한 블로그(www.jarretederaler.com)에 올리고, SNS에 링크를 걸었다. 곧 소문이 돌기 시작했다. 며칠 뒤 유명 블로거들이 메시지를 보내왔고, 나중에는 라디오 방송국 RMC의 '2분간 설득하세요'라는 프로그램에서 섭외가 들어왔다. 몇 주 뒤에는 월간지와 주간지에서 내 블로그에 관한 기사를 실었다. 분명 나만 이런 도전에 관심 있는 게 아니었다! 그리고 지금 당신 손에 이 책이 들려 있다면, 이 메시지가 당신에게도 말을 걸고 있다는 뜻이다!

나는 이 도전을 남몰래 숨어서 하지 않기로 했다. 블로그를 통해 이 방법을 공유하고, 그 과정을 크고 강력한 목소리로 말하면서 격려를 받고 싶었다. 매일 도전 결과를 평가해 구독자들과 공유할 수 있다는 점에서 블로그는 효과만점이었다. 이 책에 실린 챌린지에는 간단하게 실천할 수 있는 미니 챌린지가 포함되어 있다. 당신도 자신만의 도전 결과를 평가하고 깨달음을 얻을 수 있을 것이다.

> **챌린지 4 : 생각 정리하기(72쪽)**

도전을 시작할 무렵 이상하게도 간디의 지혜에 이끌렸다. "당신이 이 세상에서 보고자 하는 변화의 주체가 되십시오."

다른 사람을 탓할 시간에 스스로 변화하라는 뜻이다. 불평하는 사람들 때문에 신경이 거슬린다면 나부터 불평을 그만두어야 한다. 세상은 훈계한다고 해서 바뀌지 않는다. 먼저 행동에 나설 때 바뀐다. 다른 사람들이 바뀌기를 바랄 수는 없지만, 한 가지는 확실하다. 나는 바뀔 수 있다.

2장

불평 뒤에
숨은 얼굴

2010년 4월 이 도전에 뛰어들었을 때, 나는 최소 30일 동안 매일매일 블로그에 영상을 하나씩 올리겠다고 다짐했다. 21일 연속 불평 없이 지내기 위해 하루 일과를 영상으로 브리핑하고, 내가 불평을 했는지 안 했는지 독자들에게 알리고 싶었다. 그리고 무엇보다 도전 과정을 분석하고 싶었다. 브리핑을 영상으로 만들기 전에, 먼저 이런 질문을 던졌다.

- 불평을 했다면, 무엇 때문에 불평했나?
- 불평을 하지 않았다면, 불평하지 않으려고 어떤 점들을 바꾸었나?

이 장에서는 불평할 때 우리에게 어떤 일이 일어나는지, 어떻게 하면 우리 자신을 바꿀 수 있는지 내가 분석하고 연구한 결과물들을 여러분과 나누고자 한다. 또한 불평할 때의 마음 상태를 살펴보고, 불평 뒤에 숨은 진짜 얼굴을 가려낼 것이다. 이를 통해 어떨 때 불평이라는 반응이 튀어나오는지 명확하게 밝혀낼 것이다. 그럼으로써 자신을 더 잘 이해하고, '의식적으로' 더 나은 일상을 만들어나갈 수 있으리라 확신한다.

누구나 행복하기를 바란다

아리스토텔레스는 행복을 이렇게 요약했다. "행복은 모든 인간 활동의 목적이자 동기이다." 누구나 행복하기를 바란다. 행복 추구는 인간 존재의 가장 위대한 과업이라 해도 과언이 아니다. 그래서 나는 우리가 살면서 행하는 모든 일들은 바로 행복 추구와 관련이 있다고 믿는다. 심지어 불평할 때조차도 사실은 마음속에 품고 있는 이 근원적 욕구를 충족시키고 싶은 것이다.

- **직장 상사에 대해 불평한다면, 당신은 존중과 인정의 욕구를 충족시키고자 하는 것이다.**
- **정치인들에 대해 불평한다면, 그들이 결정을 내릴 때 우리 의견을**

반영해주길 바라는 것이다.

• 길에서 운전하다 불평한다면, 약속 시간을 지켜야 한다거나 안전 운전하기를 바라는 욕구를 표현하는 것이다.

• 자녀에 대해 불평한다면, 평온함과 자유, 정돈된 환경과 휴식을 갈망하는 것이다. 그러나 불평은, 우리가 자녀를 제대로 키우고 있는지 확인하고 싶은 마음의 표현이기도 하다.

우리는 잠자리에서 일어나면서부터 투덜거리고, 아침밥 먹기 전까지 또 몇 차례 불평을 늘어놓는다. 그리고 대중교통을 이용하거나 승용차를 타고 가면서 자녀들에 대해, 나라에 대해, 정치에 대해, 직장 상사에 대해, 동료들 혹은 배우자와 함께 온갖 비난을 퍼붓는다. 요컨대, 누구나 다 그렇다!

그런데 이렇게 불평을 하느라, 정작 우리의 행복에 가장 유리하고 가장 효과적인 전략을 택할 기회를 놓치고 만다. 대신 스스로를 피해자의 위치에 놓고(148쪽 참조) 언성을 높이거나 투덜대는 데 만족한다(주변 사람들은 종종, 심지어 자주 우리의 불평을 부추기기도 한다).

행복을 선택하기를 두려워하지 마라

불평은 다른 사람과 친분을 맺을 수 있는 계기가 되기도 한다. 주변의 안 좋은 일을 안주 삼아 불평하다 보면 유대감이 쌓이기도 하고, 때로는 새로운 인연을 맺게 되기도 한다. 직장에서나 공적인 관계에서는 사실 더 그렇다. 별로 친하지 않은 사람과 하루 종일 함께 있을 때 밀려오는 불편한 침묵을 깨트리는 데도 불평은 언제나 유용한 수단이다. 엘리베이터에서 (좋은 법이 없는) 날씨 이야기를 나누거나, 기차나 비행기에서 (제때 도착하는 법이 없는) 연착에 대해 이야기하는 경우를 생각해보라.

나는 코칭 전문가이고 자기계발 분야를 연구한다. 덕분에 우리가 어떤 상황을 어떻게 경험하느냐에 따라 현실의 모습도 달라진다는 것을 날마다 두 눈으로 확인한다. 사실 우리에게 일어나는 일을 늘 선택할 수는 없는 노릇이다. 하지만 어떻게 반응할지 결정하는 것은 언제나 우리의 몫이다. 그리고 그 반응은 우리의 일상과 삶에 영향을 미친다.

어찌 됐건 매 순간 우리에겐 원하는 대로 삶을 살 수 있는 선택권이 있다. 우리 삶에는 고통과 실패, 고달픔과 어려움이 존재한다. 이런 일이 일어날 때 속수무책으로 당하기만 하는 피해자가 될 수도 있고, 행복의 주체가 될 수도 있다. 중압감

에 시달리며 살아갈 수도 있고, 삶을 당당히 짊어지고 삶이 베
푸는 것들을 음미하며 감사하는 마음으로 살 수도 있다.

그런데 우리는 행복을 선택해야 할 때 오히려 불편함을 느
끼며, 그런 문제로 고민하는 경우가 비일비재하다. 그 이유는
주변에 피해자를 자처하며 불평과 하소연을 늘어놓는 사람들
이 존재하는 탓이다. 즉 불평이 일종의 문화처럼 널리 퍼져 있
어서, 행복을 선택하면 남과 '달라' 보이는 것이다.

알베르 카뮈는 《페스트》에서 이렇게 말했다. "행복을 택한
다고 부끄러울 게 뭐가 있는가."

이쯤에서 내가 한창 도전 중일 때 여러 번 읽었던 한 편의
글을 소개하고자 한다. 인터넷에 올라와 있는 이 익명의 글은
내게 많은 이야깃거리를 남겼다.

세계적인 전염병

세계복지기구는 앞으로 10년 안에 수십억 명이 이 질병에 감염
될 것이라고 내다봤다.

이 끔찍한 '질병'의 증상은 다음과 같다.

1. 두려움이나 선입견 혹은 과거의 습관에 따라 행동하기보다,
   개인의 직관이 이끄는 대로 행동하는 경향.
2. 타인을 판단하고, 자신을 판단하고, 갈등을 일으키는 모든 것

에 대한 흥미의 완전한 고갈.

3. 걱정하는 능력의 완전한 상실(가장 심각한 증상 가운데 하나).

4. 사물이나 존재를 있는 그대로 보고자 하는 한결같은 기쁨. 이 기쁨은 타인을 바꾸려는 습성의 소멸로 이어진다.

5. 자신의 생각, 감정, 육체, 물질적 삶, 환경을 긍정적으로 유지하고, 건강, 창의성, 사랑의 가능성을 끊임없이 발휘하기 위해 자신을 변화시키려는 강렬한 욕망.

6. 거듭된 미소 공격. 이 미소는 '고마워'라는 뜻이며, 함께 살아가는 모든 이들과의 조화 및 일체감을 제공한다.

7. 어린이다운 마음, 순박함, 웃음, 명랑함에 점점 더 활짝 마음을 연다.

8. 자신의 영혼과 의식적으로 소통하는 순간이 점점 더 잦아진다. 이를 통해 매우 유쾌한 행복과 기쁨의 감정을 맛본다.

9. 비판하고 무관심하기보다, 즐거움과 깨달음을 가져다주는 치유자로 행동하는 기쁨.

10. 피해자나 가해자 역할을 하지 않으며, 홀로, 부부관계에서, 가족 안에서, 사회 안에서 평등하고 원활하게 살아갈 수 있는 능력.

11. 풍요롭고 조화로우며 평화로운 미래를 꿈꾸는 비전을 세상에 제시하는 데 행복감과 책임감을 느낌.

12. 이 지구에서 살아가는 존재임을 완벽하게 받아들이고, 매

순간 진·선·미와 생명을 선택하려는 의지.

당신이 계속해서 두려움, 의존성, 갈등, 질병, 순응적인 태도 속에서 살아가고 싶다면, 이런 증상을 보이는 사람과는 접촉을 피하라.

이 질병은 전염성이 매우 높다!

이미 이런 증상이 보인다면, 돌이키기 힘든 상태가 될지도 모른다는 사실을 명심하라.

의학적 치료를 받으면 당분간은 몇 가지 증상이 사라지겠지만, '병'의 필연적 진행을 막기는 역부족이다.

행복 방지 백신은 존재하지 않는다.

죽음에 대한 공포는 현대 물질사회를 지탱하는 중추적 기둥의 하나인데, 이 행복병은 죽음에 대한 공포를 없애주기 때문에, 사회문제가 발생할 위험이 있다. 이를 테면 호전성과 상식을 거부하는 시위, 노래하고 춤추고 삶을 축하하기 위한 행복한 사람들의 모임, 나눔과 치유와 웃음의 단체, 집단적 감정의 해방을 위한 회합 등이 생겨날 수 있다.

행복을 불편하게 생각하는 문화에 젖어 있으면 욕구불만을 해소하기 위해 자꾸 불평하게 된다. 정작 자신을 돌아보지는 않고 남들이 하는 대로, 다른 사람들이 불평하는 분위기를 따라가는 것이다.

우리는 주변에서 발생한 문제들을 다른 사람들과 '공유할' 때 더 안도감을 느낀다. 나는 이 도전을 통해 그런 경향이 얼마나 만연해 있는지 똑똑히 확인했다. 남들과 함께 불평하는 데 하도 익숙해진 나머지, 다른 식으로 행동하면 규칙에서 벗어난다거나 무리에서 배제된다고 생각하는 것이다.

규칙은 안도감을 주며, 우리는 불평에서 뭔가를 기대한다. 상대방의 한없는 위안, 혹은 상대방이 우리의 불평을 거들어주고 고통에 동참해주길 바라는 것이다.

불평 섞인 대화는 '겉돌기'만 한다. 속마음을 드러내주지도, 상대방에게 위압감을 주지도 못한다. 불평을 공유한다고 해서 상대방과 더 깊고 더 높은 차원의 대화를 나누는 것은 아니기 때문이다. 우리는 위험을 외면한 채 부정적인 문제에만 몰두함으로써 피상적인 대화에서 벗어나지 못한다. 어떤 일에 긍정적으로 반응하기보다 부정적으로 반응하기가 훨씬 쉬운 법이다.

우리는 일상적이고 사소한 대화에서, 좋은 일이나 축하할 만한 이야기를 하면 행복이 달아난다고 믿기 때문에 불평한다. 또는 그런 이야기를 했을 때 남들이 수군거리거나 시기할지 모른다고 생각하기 때문에도 불평한다. 그래서 힘들고 잘풀리지 않는 일에 관심을 집중시킨다. 급기야 이런 식으로 불평 '잔치'를 벌인다. 그러나 곤란한 문제에 집중하다 보면, 우리 삶에 존재하지 말았으면 하는 것들을 더 많이 끌어들이게 된다.

아침에 눈뜨자마자 한번 마음껏 불평을 해보라. 그러면 하루 종일 온갖 핑계를 대며 불평 공세를 펼치게 될 것이다.

결국 이런 반사적인 불평은 우리를 더 행복하게 만들어줄 수도 있는 진짜 이야기들을 숨겨버린다. 이제 우리의 불평 뒤에 무엇이 숨겨져 있는지 살펴보자.

▶ **챌린지 5 :** 삶의 목록을 만들어라(74쪽)

Tip 도전을 시작했다면 아침에 잠에서 깬 뒤 1시간 동안은 불평하지 않도록 노력하라. 단호하게 행복을 선택하고, 불평 없이 하루를 시작하라. 그러면 하루 종일 불평을 하지 않아야 할 놀라운 이유들이 잔뜩 생길 것이다.

당신이 자주 드나드는 장소에서, 엘리베이터에서, 지하철이나 기차역에서 주변 환경 때문에 불평하는 일이 없도록 주의하라. 하다못해 커피메이커 앞에 서 있을 때도 과감하게 달라져라!

도움을 분명하게 요청하는 것부터 시작하자

나는 부엌에서 혼자 투덜거리고 있기 일쑤였다. 식사 후 다들 자기 할 일이 바빠 자리를 떠버렸기 때문에, 식탁을 치우고 뒷정리를 하는 건 언제나 내 몫이었다. 나는 한 손에는 수세미를, 다른 손에는 행주를 들고 피해자가 되어 한구석에서 구시렁대곤 했다.

▶ **챌린지 6 :** 대청소하기(82쪽)

사람들은 단순히 도움이 필요할 때 불평하는 경우가 있다. 요구를 명확히 표현하는 대신 투덜대는 쪽을 택하는 것이다. 불평을 그만두고 싶다면 요구를 명확히 표현하고 드러내야 한다. 또 원하는 도움을 받기 위해 온갖 방법을 동원해야 한다. 그래서 나는 매일 저녁 도움이 필요하다는 사실을 분명하고 단호하게 요구하기로 했고, 이제는 훈훈한 분위기에서 함께 식탁을 치운다.

내 눈에 집이 너무 지저분해 보이고, 정리정돈을 하는 데 별 도움을 받지 못했다고 느꼈을 때 불평한 적도 있다. 나는 여러 번 분명하게 도움을 요청했다고 생각했는데, 일이 바빠 어영부영하다 내 의사가 제대로 전달되었는지 확인하는 것을 깜빡 잊은 것이다. 지금 내가 말한 부분에서 당신 모습이 보이는가?

예를 들어 나는 계단 아래에서 위층에 있는 아이들을 불러 댔다. "내려와서 거실 테이블에 늘어놓은 너희 물건들 좀 치 워." "내려와서 식기 세척기 정리하는 것 좀 도와줘." 하지만 그래 봤자 별 소득은 없었다! 믿을 수 없는 건, 내가 몇 년째 이런 식으로 요구해왔다는 것이다. 나와 한 공간에 있지도 않 은 사람들이 내 말을 들어주길 바라면서 말이다!

말하자면 스스로 불평할 수밖에 없는 상황을 조성했다고 해 도 과언이 아니다. 도움을 청할 때는 상대방의 눈을 보며 요구 사항을 자세하게 설명하는 것이 매우 중요하다.

요즘은 집에서 간단한 협상을 거쳐 합의점을 찾기도 한다. "게임을 끝내려면 얼마나 걸리니? 5분? 좋아. 그럼 게임 끝내 고 바로 내려와. 저녁 준비가 다 되었고, 더 기다리면 식어서 맛이 없을 테니까." 혹은 이렇게 말하기도 한다. "게임을 끝내 려면 얼마나 걸리니? 20분? 시간이 너무 많이 걸리는데. 그렇 게 오래 기다리면 저녁이 다 식을 거야. 잠깐 멈췄다가 밥 먹 고 하면 안 될까?"

Tip 명확하고 단호하게 도움을 요청하라. 열린 마음으로 협상에 임 하라. 돕고 싶은 마음이 들게끔 상대방을 유도하는 것이, 때로는 강요보다 더 좋은 방법임을 잊지 마라.

반사적인 불평에서 벗어나라

오늘 하루, 혹은 며칠 전을 한번 생각해보자. 반복적으로 하는 불평이 있는가? 습관처럼 한결같이 내뱉는 불평이 있는가? 나는 몇 년 동안 "어질러놓은 것 좀 봐!" "서둘러, 또 늦겠어!" 같은 '반사적 불평들'을 해왔다.

내 블로그 구독자들도 자신들이 주로 하는 불평들을 공유해주었다. 어떤 이들은 "이제 질렸어!"라거나 "미치겠네"라고 했다. 또 어떤 이들은 "아이고, 허리야"라거나 "피곤해 죽겠어"라고 했다. 다음은 구독자들의 경험담이다.

사브리나

"'지겨워'라는 말을 그만두기로 한 순간, 다시는 어떤 일을 골칫거리로 보지 말아야겠다고 생각했어요. 당신이 말한 것처럼 그것은 선택이죠. (…) 이 블로그를 알게 된 다음부터는 대체로 전보다 확실히 불평이 줄었고, 사람들과 어울리는 일도 더 유쾌해졌답니다."

크리스틴

"나는 무심결에 '피곤해 죽겠어'라고 불평해요(나는 아이가 셋이고, 그중 곧 세 살이 되는 막내는 겨우 두 달 전에야 밤에 깨지 않고 잠들기 시작했어요. 때문에 늘 피곤하죠!). 하지만 피곤함을 말로 표현하니 정말 습관이 되어서, 어느 날 우리 큰애가 나한테 이러더라고요. '근데 엄마는 만날 피곤하잖아!' 그 이후 아무리 조심해도 시도 때도 없이 이 말이 자꾸 튀어나와요. 정말 피곤하다는 뜻도 아니면서 말이죠!"

폴

"내가 자주 하는 불평은 대체로 컴퓨터와 관련이 있습니다. 내가 원하는 대로 컴퓨터가 작동하지 않거나, 인터넷 사이트에서 원하는 정보를 찾을 수 없을 때 나는 신경질을 부리고, 소리를 지르고, 욕을 하고 격분하죠. 최악의 경우는 저장하는 걸 잊어버리거나, 어떤 문제나 조작 실수로 자료를 몽땅 날리는 것이에요. 이런 때는 완전히 이성을 잃죠. 매번 불평을 하지만, 솔직히 그런다고 상황이 바뀌지 않는다는 건 너무도 잘 알아요. 불평은 내 삶을 망치죠. 그리고 불평한다고 해서 인생이 바뀔 거라 기대하지도 않아요! 정말 인생 낭비죠!"

우리는 온종일 똑같은 문제로 투덜거리는 버릇이 있다. 누구나 오랫동안 반복해온 불평이 있고, 이런 불평은 아주 사소한 일로도 튀어나온다. 나는 이것을 '반사적 불평'이라고 부른다. 반사적 불평은 심각한 일이 아니어도 저절로 나온다. 조금이라도 의지가 약해지면 이때다 하고 중얼거리게 된다. 또한 주목이나 동정을 받고 싶을 때 나오기도 한다. 그러나 결과적으로 문제 해결에는 크게 도움이 되지 않는다.

▶ 챌린지 7 : 내가 주로 하는 불평을 알아보자(84쪽)

마찬가지로 거래처나 공공기관에서도 반사적으로 불평하

는 일이 자주 일어난다. 우리는 고객이고 시민이라는 구실을 앞세워, 스스로 불평을 허용하고 목소리를 높이며 공격적으로 민원을 넣는다. 소위 말해 더 나은 대접을 받기 위해, 혹은 우리의 권리가 더 존중받을 수 있도록 화를 내는 것이다. 이렇게 하면 불평만이 상황을 바꿀 수 있는 유일한 방법이라고 착각하게 된다. 우리는 비생산적이고 위협적이며 반사적으로 논쟁을 벌여 의견을 내세운다. 아니면 스스로 피해자라고 느끼며 불평으로 시간을 허비한다.

내 경우에는 불평을 그만둠으로써, 거래처나 여러 공공기관들과의 관계 개선에 확실히 큰 도움을 얻었다. 침착함과 결단력은 내 자산이 되었다. 나는 문제가 있을 때 단호하고 분명하게 일을 처리하되, 불평은 하지 않는다. 그들이 제안하면 열린 마음으로 해결책을 찾고 싶다는 마음을 표현한다. 덕분에 존중하는 마음과 건설적인 협력관계를 유지할 수 있다.

올리비에 "나는 서비스 업체에서 일합니다. 일의 성격상 불평하는 고객들을 자주 접합니다. 일을 진행하다 보면 업체 측의 실수를 인정해야 하기 때문이죠. 어떤 고객들은 불평을 해야만 뭔가를 얻어낼 수 있다고 생각하는지, 그저 반사적으로 생산성 없는 불평을 해요. 반면 어떤 고객들은 해결책을 찾기 위해 우리에게 문제를 설명하죠. 나중에 생각해보니, 확실히 불평하지 않는 사람들을 위해서는 우리가 늘 해결책을 찾아냈어요. 하지만 그렇지 않은 사람들에 대해서는, 방법이 없답니다."

Tip 당신의 '반사적 불평'이 무엇인지 파악하라. 도전을 시작하고 나서 며칠간은 천천히 진행하고, 앞으로는 반사적으로 불평하지 않는 데 집중하라. 필요하다면 불만스러운 점을 해결하도록 해보라. 예를 들어 허리가 아프면 잠시 하던 일을 멈추고 스트레칭을 하라. 지각이 늘 고민이라면 10분 먼저 출발하라.

농담 삼아 불평하기

우리는 사람들의 관심을 끌기 위해 불평이라는 형태로 조롱을 하거나 농담을 한다. 부정적인 말이라도 재밌으면 괜찮다고 정당화하는 것이다. 사실 가끔은 그런 말들이 재미있을 때도 있다!

누구나 살면서 비극적인 일이 일어날까 봐 두려워한다. 그래서 불평하면 불안한 마음이 사라진다는 것을 보여주려고 불평한다. 진짜 힘든 이야기를 우스갯소리처럼 하는 사람도 있다. 하지만 부정적인 판단이나 폭력적인 말을 유머로 위장한다고 해서, 그 속에 메시지(즉 불편함)가 없는 것은 아니다.

Tip 농담 삼아 불평할 때마다 메모하라. 그다음 진짜 농담과, 조롱을 숨기고 있는 농담을 구별하라. 즉 불만을 담고 있는 메시지인지, 혹은 부정적인 판단인지 살펴보라.

불평하기와 체념하기

우리는 자신을 피해자라고 생각하면서 문제를 해결할 방법이 없다고 지레 포기한다. 신세타령을 하고, 어차피 아무것도 할 수 없다고 중얼거리고 만다. 다시 말해 체념해버리는 것이다. 그러면서 내가 아니라 다른 사람들이 나쁜 것이고, 그들은 '진심'이 없으니 믿으면 안 된다는 논리를 펼친다. 또한 상황을 일반화하고, 자신의 처지를 답답하게 느끼며, 비난할 대상을 물색한다.

대수롭지 않게 보이는 이런 행동들은 우리를 끝없는 악순환에 빠뜨린다. 체념하면 주어진 상황에 꼼짝없이 갇히고, 아무것도 변하지 않는다. 변하기는커녕 악화될 뿐이다. 그러면 점점 자신감이 떨어지고 희망을 상실하며 모든 것을 불신함으로써, 삶은 의미를 잃는다. 삶의 고귀함보다는 위태로움만 커지는 것이다.

▶ **챌린지 9 :** 사소한 거짓말은 금물!(85쪽)

과시하기 위해 불평하기

우리는 자신의 우월함을 과시하고픈 마음에 타인을 깎아내린다. 도로를 달리는 운전자이건, 직장 동료나 상사이건 상관없다. 사실 이런 심리는 인정받고 싶은 욕구와 부족한 자아존중감의 표시이다.

말하자면 불평함으로써 '내가 더 낫다'고 결론을 내리는 것이다. 예를 들어 도로에서 어떤 차가 비켜주지 않으면 운전 실력이 형편없다고 비난한다. 혹은 창구 직원이 내 문제를 제대로 해결해주지 못하면 무능력자 취급한다.

인정에 대한 욕구는 인간에게 매우 중요하며, 그 욕구를 간과해서는 안 된다. 심리학자 에이브러햄 매슬로는 인간의 욕구에 큰 흥미를 갖고, 동기motivation의 원리를 정의하고자 했다. 이를 위해 그는 대학생들과 함께 심층 연구를 진행했다. 그 결과 피라미드 모양의 유명한 '인간욕구 단계이론'이 탄생했다.2

매슬로에 따르면, 피라미드 윗부분의 욕구는 아랫부분의 1차적 욕구가 채워져야 비로소 완전히 충족된다. 매슬로는 소속과 존중의 욕구가 자아실현과 성취의 욕구보다 먼저 충족되어야 한다고 판단했다.

그런데 오늘날 우리는 어떠한가? 학교에서, 직장에서, 사업에서, 다시 말해 자아실현 욕구를 충족시킬 수 있는 온갖 분야

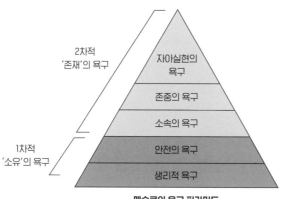

매슬로의 욕구 피라미드

에서 시간당 수백 개의 삶을 살고 있다. 성공하고 싶어서, 남과 달라 보이고 싶어서, 남들에게 우리의 장점과 능력을 증명하고 싶어서 자신의 목표와 한계를 정한다. 그러나 애석하게도 자기 자신에게는 최선을 다하지 않는다. 자신과 타인에 대한 존중의 욕구가 충족되지 않기 때문에 그것이 불만과 불평으로 표출되는 것이다.

존중의 욕구는 자아실현의 욕구보다 먼저 충족되어야 한다 (그 반대가 아니다!). 지위와 명성을 얻은 다음 인정을 받겠다고 목표를 세우면, 그것은 도달하기 힘들고 긴 여정이 될 것이다. 목표를 달성하려면 여러 조건들이 순차적으로 갖춰져야 하기 때문이다.

예를 들어 당신은 자존감이 매우 낮은 사람이고, 인정받기 위해 승진하고 싶다. 당신은 중요한 기획안을 손에 넣고, 이 프로젝트만 성공하면 인정을 받아 마침내 승진할 수 있을 거라고(또한 자존감도 높아질 거라고) 생각한다. 하지만 머지않아 일에 허덕이다 기획안을 완성하지 못하고, 승진에도 실패할 것이다. 자신을 의심하고, 일을 내일로 미루고, 어쩌면 능력을 허비하는 시시한 일을 하면서 자신을 망가뜨릴지 모른다. 반대로 날마다 우리의 자존감을 차곡차곡 채워나간다면, 자아실현의 밑거름이 될 더 많은 연료를 확보하게 될 것이다.

자존감은 자신의 가치를 높여주고 회복시켜주는 수단이다. 따라서 자존감 탱크 수위가 너무 낮으면 불평이 흘러나오게 마련이다. 우리는 남들보다 더 높은 위치에 서거나 타인과 거리를 둠으로써 인정받으려 애쓴다. "그래서 내가 그 생각이 말도 안 된다고 누누이 얘기했어. 사람들이 내 말을 안 듣는다니까"라고 말하거나 "사람들이 운전을 엉망진창으로 한다니까"(이 말 속에는 '나는 운전을 잘해'라는 뜻이 담겨 있다)라고 말한다. 그러면서 돋보이고 싶어 하는 것이다. 일반적으로 '사람들이'라는 표현이 들어간 불평은 확실히 다른 사람보다 돋보이고 싶은 마음을 반영한다.

내 블로그 구독자들도 마찬가지였다.

레티샤 "세상을 근본적으로 바꿀 수 없다는 것은 분명해요. '그들'은 우리를 위해 변하지 않을 것이고, 마찬가지로 다른 사람들의 입장에서 보면 우리도 '그들'이죠. 우리는 다른 사람이 원하는 방향으로 어쩔 수 없이 변화하기를 바라지는 않아요. 교훈은 이것입니다. '그들'에게 불평하기를 그만두자. 생각의 차이를 이해하고 지혜롭게 살도록 노력하자. 그리고 우리의 쾌활함에 영향을 받아 '그들'이 우리에 대해 불평을 그만두기를 바라자!"

도전을 하다 보면 이런 궁금증이 생긴다. "어떻게 하면 불평 없이도 인정받고 자존감을 높일 수 있을까?"

우리가 자신을 좀 더 존중하는 것부터 시작한다면 어떨까? 매일매일 아주 사소한 성공이나마 우리가 성취한 것에 감사한다면 어떨까?

Tip 앞으로 해야 할 일들을 두고 자신을 탓하며 괴롭히지 말고, 날마다 이미 성취한 것에 감사하는 시간을 가져라.

수시로 자신의 어떤 점이 자랑스러운지 스스로에게 물어라. 주저하지 말고 종이에 그 답을 적어 거울이나, 쉽게 볼 수 있는 곳에 붙여두어라.

더 많은 사람이 동조하기를 바라며 불평하기

이런 불평은 파업이나 시위 같은 정치적인 문제나, 혼자서는 자기 입장을 관철하기 어려운 경우와 관련이 있다. 때로는 어떤 문제에 남들이 주목해주기를 바라면서, 실망감을 안겨주는 부정적인 메시지를 전달하기도 한다. 불평을 이용해, 마치 군대를 소집하듯 사람들을 모아 전쟁에 나서게 만들기도 한다. 불평을 강하게 할수록 우리 편에 더 많은 사람이 합류할 거라는 생각이 강화되고, 상황을 이렇게 만든 '가해자들'이 변해야 한다는 믿음도 굳어진다.

이 얘기를 하다 보니, 몇 년 전 돈을 좀 벌어볼 요량으로 로스앤젤레스의 한 골동품 상점에서 일했던 때가 떠오른다. 파리 본사에서 고객 유치를 위해 2개 언어를 구사하는 사람을 물색하던 중 나를 고용한 것이었다. 이번이 첫 전시회였는데, 주최 측은 손님을 충분히 끌어모으지 못했다. 우리는 온종일 드문드문 찾아오는 방문객을 기다리며 시간을 보냈다. 결국 전시회 사흘째 되던 날, 서른 명 남짓 되는 전시회 출품자들이 묘안을 짜내기 위해 한자리에 모였다. 방문객을 더 많이 끌어들일 방법을 다 같이 열심히 모색했다.

그런데 30분쯤 지나자, 한 사람이 불평을 늘어놓기 시작하더니 급기야 소리를 질러댔다. 분명 그녀는 목소리를 높이고 책임자를 지목하면 사태를 변화시킬 수 있으리라 생각했던 것 같다. 하지만 효과는 정반대였다. 순식간에 화합의 요정이 부리던 마법이 사라지고 말았다. 고성과 불평이 이 순간의 협동 정신을 무참히 깨뜨린 것이다. 그 자리에 있던 사람들은 문제의 해결책을 모색하는 게 아니라, 불평하는 사람을 어떻게 하면 진정시키고 누구 편을 들어야 할지에 집중하느라 여념이 없었다. 갈등이 터져나왔고, 결국 아무 결론도 얻을 수 없었다. 전시회가 실패한 데 대해 끊임없이 불평하고 책임자들을 손가락질하는 사이 그 주가 끝나버렸다. 이 얼마나 안타까운 일인가!

되는 대로 말을 내뱉거나 상황을 과장하는 것이 목적을 달성하는 데 필요한 정당하고 강력한 전략인 줄 착각하는 사람들이 있다. 그러나 사실은 모든 힘을 잃은 것이다. 반대로 우리의 행위와 불완전함을 받아들일 때 진정한 힘을 얻는다. 이것이야말로 온전한 힘이다.

> **챌린지 10 : 다른 가능성을 열어두어라(88쪽)**

항의하기 위해 불평하기

내 블로그를 구독하는 어떤 사람들은, 불평이 긍정적인 변화를 일으킬 수도 있음을 증명하고 싶어 한다. 즉 불평을 통해 항의하고 삶을 주도할 수 있으며, 불편한 것을 바꿀 수도 있다고 말한다. 하지만 내가 보기에 이런 것들은 불평과는 아무 상관이 없다. 사실 이 두 가지를 구별할 줄 알아야 한다. 즉 자신을 아무 힘도 없는 피해자로 여기면서 불평하는 것과, 더 나은 세상을 만들고자 하는 의지, 힘, 행동을 통해 항의하는 것은 다르다.

물론 나도 피해자에 머무는 것에 반대한다. 불편한 점이 있다면 당연히 조치를 취하고 개선해야 할 것이다. 사회의 상식을 벗어난 모습들을 자각하고 문제를 제기하는 것은 꼭 필요한 일이다. 그러나 불평은 이런 변화와는 아무 상관이 없다. 그래서 나는 불평을 바라보는 관점을 어떻게 바꿀지 생각해보려고 한다.

마틴 루터 킹은 이렇게 말했다. "지금 이 상황은 극악무도하고 부당하다. 우리는 우리를 박해하는 자들과 싸워야 한다." 그는 상황을 탓하거나 군중을 선동하려 하지 않았다. 반대로 언젠가 이루어질 그의 꿈을 사람들과 공유하는 쪽을 택했다. 그는 메시지로 세상을 바꾸었다. 자신의 꿈을 사람들과 나눔으로써 더 나은 세상을 만들 수 있음을 인식시켜주었다. 그는 자신이 펼치는 운동에 수많은 사람을 끌어들였고 상황을 바꾸어냈다.

세상을 변화시키고자 한다면, 당신의 생각을 차분하고 분명하게 표현하라. 확고한 열정을 가지고 가능한 한 많은 사람과 생각을 공유하라. 무엇보다 그 생각을 실현하겠다는 목표를 세우고 행동해야 함을 잊지 마라. 이런 행동은 불평과는 아무 상관이 없다.

열정으로 무장하되 결과에 너무 '집착하지' 마라. 또한 어떤 일이 반드시 당신이 원하는 방식대로 되어야 하고, 그렇게 마무리되어야 한다고 미리 결정짓지 마라. 당신은 장애나 제약에 부딪힐 수 있고, 멀리 길을 돌아가야 할 수도 있다. 그러나 중요한 것은 당신의 생각대로 나아가고, 그에 따르는 행동을 취하는 것이다.

미국의 작가이자 연설가 레스 브라운은 이렇게 말했다. "언제나 달을 겨냥하라. 혹여 달을 놓친다 해도 당신은 다른 별들 사이에 이르게 될 것이다."

테레사 수녀는 전쟁 반대 행진에 동참해달라는 요청을 거절하면서, 불평 없이 긍정적인 태도만으로도 반대할 수 있음을 보여주었다. 반대로 그녀는 평화를 위한 행진에는 기꺼이 참여하겠다고 응답했다.

충격적이고 참을 수 없는 것이 있다면, 불평을 그만두고 자신의 관점을 결정하라. 더 나은 세상을 만들기 위한 프로젝트로 사람들을 끌어모아라. 지금 당장, 더 나은 세상을 건설하기 위한 행동에 돌입하라!

기억하기 대부분의 시간 동안 우리는
- 행복을 지키고 싶어서 불평한다. 그러나 별로 효율적이지 않은 전략을 택한다.
- 남들처럼 행동하고 싶어서 불평한다.
- 도움을 받고 싶어서 불평한다. 그러나 분명하게 도움을 요청하는 대신 투덜대는 편을 택한다.
- 순전히 반사적으로 불평한다.
- 사람들을 웃기기 위해, 혹은 그저 농담으로 불평한다.
- 모든 걸 다 포기한 채 불평한다.
- 돋보이고 싶어서 불평한다.
- 더 많은 사람에게 우리 생각을 관철시키고 싶어서 불평한다.
- 항의하기 위해 불평한다.

만약 위에서 당신에게 해당하는 부분이 있다면, 다음에 나오는 챌린지를 시작해보라!

이 책을 통해 알게 된 것과 일상에 적용할 수 있는 것 :

챌린지

나의 불평 유형 진단하기

다음에 나오는 챌린지를 통해 대략 당신의 불평 유형을 판가름할 수 있을 것이다. 당신은 심각한 불평꾼인가? 무엇 때문에 불평하는가? 무엇에 발끈하는가? 무엇이 더 나은 삶을 방해하는가? 당신의 위험지대는 무엇인가?

이 챌린지들에도 나름대로 논리는 있지만, 꼭 순서대로 할 필요는 없다. 당신에게 진심으로 와닿는 부분을 먼저 하되, 끝까지 해보기 바란다. 이것은 나를 위한 일이 아니라 당신 자신을 위한 일이다. 이 모든 것은 당신의 인생을 위한 게임임을 명심하라! 나는 그저 당신이 삶을 즐길 수 있도록 돕는 것뿐이다!

이 챌린지에 좀 더 쉽게 다가갈 수 있도록, 먼저 명상하기 좋은 작자 미상의 짧은 글을 소개하려고 한다. 분명 반짝이는 성찰들이 당신 안의 무언가를 깨울 것이다.

보이지 않는 밧줄

어느 농부가 나귀 세 마리를 끌고 수확한 농작물을 팔러 장에 갔다. 장이 열리는 도시는 멀리 있어서, 도착하려면 며칠이 걸렸다.

첫째 날 저녁, 농부는 나이 든 노인이 은거하는 암자와 멀지 않은 곳에서 하룻밤 묵어가려고 멈추어 섰다. 농부가 마지막 나귀를 붙잡아 매려고 하는데 밧줄이 모자랐다. 그는 생각했다. '나귀를 묶어두지 않으면 산으로 달아나버릴 텐데!'

농부는 다른 두 짐승을 단단히 묶어두고 남은 나귀에 올라탔다. 그리고 은자의 암자로 향했다. 목적지에 다다르자, 농부는 노인에게 밧줄을 빌려줄 수 있느냐고 물었다. 노인은 오래전에 청빈을 맹세한 터라, 내어줄 밧줄이 없었다. 노인이 농부에게 말했다. "자네가 머무는 곳으로 돌아가, 나귀의 목에 밧줄을 두르는 시늉을 하게나. 반드시 나무에 붙들어 매는 시늉을 해야 한다는 걸 명심하게."

밑져야 본전이니, 농부는 현자가 일러준 대로 해보기로 했다. 다음날 눈을 떴는데, 그의 눈에 나귀가 들어왔다. 놀랍게도 나귀는 그 자리에 있었다! 나귀 세 마리에 짐을 실은 농부는 다시 길을 떠나기로 했다. 그런데 나귀를 끌어보고 밀어보고 아무리 애를 써도 소용이 없었다. 이 짐승이 움직이기를 한사코 거부하는 것이었다.

망연자실한 농부는 다시 은자를 찾아가, 자신에게 닥친 불행에 대해 이야기했다.

노인이 물었다. "밧줄을 풀어볼 생각은 안 했는가?"

농부가 소리쳤다. "있지도 않은 밧줄을 어찌 푼단 말입니까!"

"물론 자네 생각에는 그렇겠지. 하지만 나귀는⋯."

그 길로 농부는 자신이 머물던 곳으로 돌아가, 아무렇지 않게 밧줄을 푸는 시늉을 했다. 그랬더니 나귀가 아무런 저항도 하지 않고 그를 따라 나섰다.

누가 이 나귀를 비웃을 수 있겠는가.

우리 역시 믿음의 노예는 아닌가(이렇게 '행동해야 하고' 저렇게 '되어야 한다고' 생각하면서 남들의 시선을 두려워한다). 마음의 습관(두려움, 질투, 오만함, 시기 등)에 얽매여 있지는 않은가. 그러나 이 모든 것은 우리의 상상에 지나지 않는다. 누구도, 그 무엇도 우리에게 그런 것을 강요하지 않았기 때문이다. 사실 우리에게 어떤 행동을 강요하는 것은 바로 우리 자신이다. 우리가 행하는 모든 일에서 늘 선택권은 우리에게 있다. 중요한 것은 단지 그것을 정말로 원하는가이다.

이제 당신이 표현하고, 경험하고, 성숙하고, 발전하지 못하게 하는 '보이지 않는 밧줄'이 무엇인지 생각해보자.

테스트 : 나는 어떤 식으로 불평하는가?

지금 이 책을 읽고 있다면, 당신은 다른 무엇보다 불평이 당신의 삶을 망가뜨리고 있음을 이미 자각한 상태이다. 이제 당신이 어떤 식으로 불평하는지, 특히 불평의 원인이 무엇인지 알아보자.

아래의 보기 ■, ◆, ●에서 당신에게 가장 가깝다고 생각되는 것에 표시하라.

1. 당신은 오랜 고등학교 친구와 한잔 기울이고 있다. 그녀와는 10년 만에 페이스북을 통해 다시 만났다. 의례적인 인사를 나누고 나자, 그녀가 자신의 실패담을 늘어놓기 시작한다. 이혼, 스트레스가 극심한 직장, 끝없는 집안일 등에 대해서 말이다.

■ 물론 그녀가 잘 지내는 것 같지는 않지만, 당신도 별로 여유가 없다.

◆ 남편이 아이를 셋이나 떠맡기고 떠나다니 정말 말도 안 돼. 남자들이란 다 한통속이야!

● 불쌍해… 어렸을 땐 정말 자부심이 강하고 활동적인 친구였는데.

2. 어느 날 저녁, 당신은 녹초가 되어 퇴근을 했다. 집에 들어와 보니 식탁에는 쓸데없는 서류들이 산더미처럼 쌓여 있고, 싱크대에는 그릇들이 그대로 남아 있다. 세탁기 안에는 이틀 동안 밀린 빨래가 들어 있다.

● 당신은 가족들에게 당신 입장도 좀 생각해달라고 말한다. 집에 돌아왔을 때 이렇게 집 안이 엉망진창이면 누가 기분이 좋겠는가?

■ 하루 종일 일하고 들어왔는데, 집안일까지 해야 한다니, 눈물이 날 지경이다.

매번 똑같다.

◆ 소리를 지르고 나서, 최대한 요란하게 설거지를 한다.

3. 가장 마음에 드는 격언은 무엇인가?

■ 인생에서 늘 원하는 대로 할 수는 없다.

● 인생에서 진정한 친구는 다섯 손가락 안에 꼽는다고 한다.

◆ 인생에서 의지할 사람은 자신뿐이다.

4. 인터넷이 고장 나서 고객센터에 전화한다. "고객님의 예상 대기 시간은 5분입니다"라는 나긋나긋한 안내 멘트가 흘러나온다. 예상 시간은 20분을 훌쩍 넘겼는데….

◆ 마침내 상담원의 목소리가 들려오자 당신은 노발대발하며 생난리를 친다.

● '항상 이런 식이지. 고객 따윈 안중에도 없어'라고 생각하며 전화를 끊는다.

■ 사무실에서 책상 앞에 앉아 몇 주째 굴러다니는 서류더미를 정리하며 스피커폰으로 통화한다. 불만을 제기하는 사람이 아침부터 족히 10명은 넘을 거라는 걸 알지만, 상담원이 연결되자 당신은 불만사항을 말한다.

5. 당신은 지금 레스토랑에 있다. 스테이크를 레어로 주문했는데, 종업원이 미디엄 스테이크와 덜 익은 감자튀김을 내왔다.

■ 한숨을 푹 쉬며 마지못해 스테이크를 먹는다. 저녁 식사 내내 다른 서비스도 엉망이라고 지적하며 투덜댄다. 맛집 리스트에서 삭제할 곳이 하나 더 늘었다!

◆ 종업원을 불러, 손님이 많지 않으니 주문을 다시 제대로 받을 수 있는지 묻는다. 이런 경우가 어디 있어!

● 종업원에게 주문을 잘못 받았다고 지적하며, 레어 스테이크로 바꿔달라고 요청한다. 그리고 오는 김에 감자튀김도 더 바삭바삭하게 해달라고 말한다. 당신은 음식이 다시 나와도 별로일 거라고 생각한다. 그리고 다시는 이 레스토랑에 오지 않겠다고 다짐한다.

6. TV의 정치 토론 프로그램을 어떻게 생각하는가?

● 그 나물에 그 밥이다. 전망을 제시하고 듣기 좋은 말을 하지만, 결국 살기 힘든 건 마찬가지이다.

■ 투표는 한다. 의무니까. 하지만 다른 일에 대해서는 절대 그들을 지지하지 않을 것이다.

◆ 다 썩어빠졌어!

7. 당신은 마트에서 세제 하나만 계산하려고 줄을 서 있다. 앞에는 물건이 가득 실린 카트들이 끝없이 늘어서 있다.

■ 누군가 양보해주길 바라며 투덜댄다. 어떻게 항상 이런 줄만 골라 서는지, 참 재주도 용하다!

◆ 다들 못 본 척하고 있는 게 분명하다. 사람들이 정말 더럽게 이기적이다.

● 앞에 선 친절한 부인에게, 지나가도 되느냐고 묻는다. 그러면서 "저 세제 하나만 사면 되는데, 먼저 계산해도 될까요?"라고 상냥하게 말한다.

8. 친구에게 화가 났을 때 당신은?

◆ 당신은 부당하게 대우받는 걸 좋아하지 않는다. 그도 참 딱하다! 사과할지 말지는 그가 결정할 일이다.

- ■ 분노가 당신을 갉아먹고 우울하게 만든다. 내심 그가 도와줄 거라고 기대했는데 말이다.
- ● 친구에게 화가 났다고 말하고 되도록 빨리 갈등을 풀어버린다. 이런 갈등이 생긴 건, 두 사람 모두 지금 힘든 시기이기 때문이라고 이해하며 화해한다.

9. 당신은 지금 여행 중인데, 몇 시간째 어린아이 셋 때문에 못 견딜 지경이다. 아이들의 엄마는 저지할 생각이 없어 보인다. 갑자기 한 여성 여행객이 자리에서 일어나 애들 엄마에게 매몰차게 소리친다. "당신 애들이 소리를 질러서 여기 있는 사람들이 다 괴롭잖아요!"

- ■ 여행 내내 당신도 이를 꽉 깨물며 이 여성처럼 생각했다. 이 여성은 단지 당신보다 용감했을 뿐이다.
- ● 당신은 다 이해한다는 듯한 시선으로 이 여성을 치켜세운다. 안 그랬으면 당신이 이 세 악동을 창밖으로 집어던졌을 테니까!
- ◆ 이 여성은 바로 당신일 수 있다!

10. 당신은 파티에 참석했다. 대화는 한 친구에 관한 이야기로 흘러간다. 그녀는 모임에서 약간 성격이 '괴팍한' 친구로 통한다. 이제 그녀의 성격이며 행동, 생김새, 남자친구에 대해서까지 쑥덕대기 시작한다. 물론 그녀는 이 자리에 없다!

- ● 당신은 그녀가 당신 집에 몇 시간 머물다 간 일을 이야기한다. 그날 저녁 당신은 녹초가 됐고, 하마터면 그녀를 한 대 칠 뻔했다!
- ◆ 그녀는 정말 견디기 힘든 사람이다. 모두를 성가시게 하고, 자기 얘기뿐이며, 당신 생일을 한 번도 챙긴 적이 없다.

■ 그녀가 지내기 쉬운 사람이 아닌 건 사실이다. 그런데 친구들은 당신이 없는 자리에서도 당신을 이렇게 씹어댈까?

11. 차 뒷좌석에, 코 묻은 휴지들이 쌓여 있는 것을 발견한다.

■ 화가 나서, 말을 안 듣는다며 아이에게 불평한다. 그리고 투덜대며 차 안을 치운다.

◆ 아이에게 벌을 주고 휴지를 치우라고 말한다. 오늘 저녁 아이에게 디저트는 없다.

● 이 상황이 웃기면서도 불쾌하다. 당신은 아이에게 다 쓴 휴지는 잘 버리라고 말한다.

12. 내일 당신은 일찍 일어나야 하고, 컨디션도 좋아야 한다. 젠장, 윗집에 사는 이웃이 파티라도 하는 모양이다. 음악소리와 온갖 소음이 쿵쿵 울린다.

● 저주를 퍼부은 뒤, 이럴 때 유용한 귀마개를 꺼내 다른 생각을 해보려고 애쓴다.

■ 하필이면 오늘 저녁에 파티라니 난 정말 운도 지지리 없네. 파티를 한다고 미리 양해를 구할 수도 있었잖아.

◆ 마음을 좋게 먹으려 애쓴다. 마음을 가라앉히라는 친구의 메시지도 받았다. 하지만 결국 밤 11시 30분에 윗층으로 올라간다.

당신의 성격은

대체로 ●가 많다 불평은 전염병처럼 당신에게 옮아갈 것이다! 당신은 남들을 따라 습관처럼 불평한다. 그럴 만한 상황이니까, 늘 그렇게 반응해왔으니까…. 그렇게 심각한 일로 불평하는 것도 아니고, 심지어 의식하지도 못한 채 계속해서 투덜거린다. 차가 막혀서, 날씨가 안 좋아서, 지각을 해서, 곤란한 일이 생겨서, 아이가 음식을 남겨서 등등 이유는 다양하다. 당신이 기분 나빠하며 투덜대는 모습은 우스꽝스러워 보이기도 한다. 마치 프랑스의 만화 <땡땡의 모험>에 나오는 아독 선장 같다. 그는 실수투성이에 술을 엄청 좋아하고, 무엇보다 화를 잘 내는 다혈질이다. 분명 이런 이미지가 마음에 들지는 않을 것이다. 앞으로 나오는 챌린지들을 성실히 수행하라. 그러면 당신을 위한 새로운 규칙을 세우고, 불평을 축하와 기쁨으로 바꿀 수 있을 것이다.

대체로 ■가 많다 당신에게 불평은 심각한 고민을 표현하기 위한 방어수단이다. 주로 불평은 보다 본질적인 욕구를 표현하고 싶을 때 나온다. 간단히 말해 당신이 욕구를 표현할 적절한 방법을 모른다는 뜻이다. 불평하다 보면 지치기 마련이고, 근본적인 욕구들을 표현할 기회를 놓치기 때문에 적절하지 않다. 본심을 불평으로 돌려 표현한다는 점에서 이것은 일종의 심리학적 '전위 displacement'이다. 점쟁이가 아닌 이상, 남들은 거북이 등껍질 같은 당신의 그 무뚝뚝함 속에 뭐가 숨겨져 있는지 알 길이 없다! 당신은 소통하려고 노력해야 한다. 진짜 마음에 들지 않는 것, 당신을 힘들게 하는 것, 당신을 좀 더 나아지게 하는 것이 무엇인지 가까운 사람들에게 표현해야 한다. 그래야만 삶이 가뿐해지고 결과적으로 불평을 줄일 수 있다!

대체로 ◆가 많다 당신은 '성질이 고약하다'거나 '당신을 무시했다간 큰코다친다', 또는 '화를 잘 내는 사람'이란 말을 자주 들었을 것이다. 당신은 사소한 일이건 큰일이건 수시로 불평한다. 당신의 뇌는 '분노 경고'가 최대로 발효

된 상태이다. 내면의 압박감을 쌓아두지 않고 분출한다는 점에서는 장점이라 할 수도 있다. 당신 마음속 깊은 곳에는 매 순간 끓어오르는 분노가 잠자고 있으며, 이 분노는 진짜 솔직한 것이기 때문이다. 지저분한 테이블을 보았을 때 당신의 뇌는, 신문의 사회면에서 불쾌한 사건들을 접했을 때와 같은 상태가 된다. 이런 성격은 위험하다. 사람들이 당신의 말과 행동을 중요하게 생각하지 않을 수 있기 때문이다. '짖는 개는 절대 물지 않는다'(겉으로 떠들어대는 사람은 실속이 없다는 말-옮긴이)는 말을 생각해보라. 당신의 분노와 에너지를 길들여 긍정적으로 표출하라.

내가 불평하는 이유를 알아보자

챌 린 지
0 0 2

욕구불만을 느끼거나 일이 생각대로 되지 않을 때, 당신이 어떻게 반응하는지 잘 살펴보아야 한다. 성격이 비관적이냐 낙관적이냐에 따라 대응하는 방식도 달라질 것이다.

비관론자들은 대체로 불평의 원인이 보편적이고 영구적이라고 생각하는 경향이 있다. "우리는 대중교통 서비스[모든 분야에 적용되는 보편성]에만 의존할 수는 없다. 연착이나 파업의 가능성이 늘 존재하기 때문이다[영속성]."

낙관론자들은 실망감을 일시적이고 특수한 원인 탓으로 돌리는 경향이 있다. "지하철 1호선[특수성]이 다른 노선들보다 지연되는 경우가 잦아. 노선을 보수하는 중이라 그럴 거야[일시성]. 그래도 이 노선은 전반적으로 편리한 편이야."

좌절감을 느낄 때 어떻게 말하는가? 이번 주에 당신이 불평한 상황 세 가지를 되짚어보라.

1. _____

2. _____

3. _____

각 상황에서 당신이 어떤 말을 했는지 적어보라(그런 말을 할 수밖에 없는 상황이든 아니든, 했던 말을 고치면 안 된다).

1. _____

2. _____

3. _____

답을 적었으면 다음 설명에 따라 구분하라. 좌절감을 주는 일들을 영구적이고 보편적인 것으로 보는가 아니면 일시적이고 특수한 것으로 보는가?

당신이 적은 답에서 영구적으로 보는 것에는 영 혹은 P(Permanent의 약자)라고 적고, 일시적인 것에는 일 혹은 T(Transitory의 약자)라고 적어라. 그리고 보편적인 것에는 보 혹은 U(Universal의 약자)라고 적고, 특수한 것에는 특 혹은 S(Specific의 약자)라고 적어라.3

좌절감의 원인을 영구적이고 보편적이라고 생각할 때마다, 좌절감은 더 커지고 압박감은 더 높아질 것이다. 당신은 무력하고 의기소침한 피해자가 된 기분이 들어서 이렇게 결론 내릴 것이다. "그래 봤자 무슨 소용이야!"

부정적인 태도에 얼마나 물들어 있는가?

부처가 아닌 이상, 우리의 기분은 환경의 영향을 많이 받는다. 사람이 많아 시끌벅적한 카페에서는 짜증이 난다. 잔뜩 찌푸린 하늘 아래 서 있는 우중충한 건물을 보고 있으면 기분도 우울해진다. 반대로 테라스에 놓인 근사한 테이블에 친구들과 함께 앉아 있으면 호젓한 기분이 든다. 외부에서 기인한 이런 감정에도 메시지가 들어 있다. 주변에 흘러넘치는 이 메시지들은 우리의 정신에 영향을 미친다. 우리가 얼마나 부정적인 태도에 물들어 있는지 알고 있는가?

1단계

집에 있는 잡지나 신문 두세 권을 골라라. 여성지나 시사 월간지 등 아무것이나 괜찮다. 거기서 부정적인 단어나 불평을 언급한 기사 제목 혹은 광고 문구를 골라 오려라. 공포, 한계, 결핍 같은 개념을 전달하는 문구를 찾으면 된다. 오려둔 단어들을 흰 종이에 붙여라. 이 단어들을 보고 있으면 몸에 어떤 반응이 오는가? 라디오나 일상적인 대화에서 이런 말을 들었을 때도 같은 느낌이 드는가? 이런 분위기에 얼마나 물들어 있는가?

2단계

같은 방법으로, 긍정적이고 활기차며 삶이 제공하는 가능성을 언급한 광고 문구나 기사 제목을 오리고 붙인 뒤 살펴보라. 부정적인 문구만큼 많이 찾았는가? 주변에서 볼 수 있는 불평과 부정적인 말들 대신, 이런 긍정적인 문구들을 주의 깊게 생각해보라.

결론

우리 주변에는 부정적인 것을 전달하는 미디어나 문구들이 굉장히 많다. 이런 매체들은 결핍, 불만, 고통, 판단, 삶에 대한 비판 같은 마음 상태를 이용하려는 경향이 있다.

이런 부정적인 메시지가 당신의 삶과 일상에 어떤 영향을 미치는지 생각해보라. 당신이 보고 듣는 메시지의 일부분이라도 미래와 희망을 품은 메시지로 바꿀 책임이 있다. 당신의 의식 속에 무엇을 들여야 할지 시간을 갖고 차분히 선택하라. 유익한 잡지를 구독하고, TV 프로그램을 신중하게 선택하라. 가끔은 TV와 라디오를 끄고 좋아하는 음악을 들어라. 좋은 책에 푹 빠져보라. 어느 날 저녁에는 배우자나 아이들과 함께 서로 안아주고 다정한 말을 주고받는 시간을 즐겨라.

챌린지
004

생각 정리하기

하루 평균 거의 6만 개의 생각이 우리 마음속을 드나든다고 한다. 이 6만 개의 생각 가운데 95퍼센트는 전날과 똑같은 생각이라고 한다. 따라서 우리의 정신을 완전히 오염시킬 정도로, 불평이 얼마나 반복되고 증가하는지 알 수 있다. 이런 반사적인 생각이 신념이 되고, 말이 되며, 결국 우리의 현실이 된다. 그러므로 생각을 정돈할 필요가 있다!

오늘 하루를 낱낱이 살펴보고, 생각을 기억해보라(전부 다 기억할 수는 없겠지만, 오늘 하루 마음을 통과했던 생각을 최대한 정리해보라). 그 생각들을 아래 표에 적어보라.

명확한 사실	부정적이거나 남을 탓하는 마음	긍정적인 생각이나 감사하는 마음
예: 저녁 9시에 소피를 데리러 역으로 가야 해.	예: 그 사람들 정말 바보 같아.	예: 오늘은 어제와는 달라질 거야.

오늘 당신이 한 생각의 95퍼센트는 내일도 자동적이고 무의식적으로 반복될 것이다. 그렇다고 할 때, 불평을 그만두는 것이 당신의 삶에 얼마나 큰 영향을 미칠지 상상해보라.

새로 표를 작성해야 한다면 망설일 필요 없다. 되도록 '부정적이고 탓하려는 생각' 칸을 줄이고, '긍정적인 생각과 감사하는 마음' 칸을 늘이도록 노력하라.

삶의 목록을 만들어라

우리는 자주 사소한 일에 '표면적으로' 불평한다. 그러나 이런 분노 속에는 삶에 대한 더 근본적인 실망감이 숨겨져 있다. 그 실체를 파악하지 않으면, 반복적이고 자동적인 불평의 모습으로 계속해서 나타날 것이다. 그러니 당신의 삶을 완벽하게 파악하는 시간을 가져보자. 실망감의 원인을 확인하고 보다 명확하게 바라봄으로써, 어떤 방향으로 나아가야 할지 생각해볼 수 있을 것이다.

직장에서

1. 현재 어떤 상황인가?

예: "나는 같은 회사에 5년을 있었다. 지겹다." "직장 분위기가 무겁다. 암묵적인 분위기와 오해들 때문에 힘들다." "솔직히 직업을 바꾸고 싶다."

---

2. 이 분야에서 큰 '성공'을 거둘 수 있다면 어떨 것 같은가? 어떤 기분이겠는가?

예: "가족과 취미 활동에 시간을 내고, 열정적으로 할 수 있는 일들만 하겠다." "사람들을 도울 수 있고, 내 도움으로 그들의 상황이 훨씬 좋아질 것 같다." "협업과 공존은 내 일의 중요한 부분이다. 화가 나거나 짜증이 나지 않는다." "나는 단지 월급을 받기 위해 일하는 게 아니다. 나는 내가 하는 일과 완벽히 소통하고 있다."

---

3. 이 분야에서 더 발전하기 위해 할 수 있는, 새롭고 과감하며 전과는 다른 일들은 무엇일까?

예: "새로운 목표를 위해 부서장에게 면담을 요청할 것이다. 목표에 도달하면 나는 더 발전할 것이다." "업무 진행표를 만들자고 요청할 것이다." "서먹서먹하게 지내는 동료에게 같이 점심을 하자고 제안할 것이다. 그저 그와 얘기를 나누고, 그를 더 잘 알기 위해서일 뿐이다." "내 자신을 믿고 다시 공부를 시작할 것이다."

금전적 문제에서

1. 현재 어떤 상황인가?

예: "노후 자금이 없다." "휴가를 갈 여유가 없다." "다른 사람들이 나보다 돈을 더 잘 버는 걸 보면 좌절감이 든다. 그 사람들처럼 할 수 있다고 생각은 하지만 방법을 모르겠다."

---

2. 이런 문제가 해결된다면 어떨 것 같은가? 어떤 기분이겠는가?

예: "한 달에 xx원을 벌 것이다." "수입의 20퍼센트를 저축할 것이다." "최소한 2년에 한 번은 여행할 것이다." "내 일에서 성취감을 느끼고, 인정받고 있다고 생각할 것이다."

---

3. 이 분야에서 더 발전하기 위해 할 수 있는, 새롭고 과감하며 전과는 다른 일들은 무엇일까?

예: "지금부터 월 10만 원씩이라도 저축계좌로 자동이체를 신청할 것이다." "승진이나 급여 인상에 도움이 되는 교육 프로그램이나 프로젝트가 있는지 상사에게 문의할 것이다." "다른 직업을 찾아볼 것이다."

여가나 자유시간에서

1. 현재 어떤 상황인가?

---

2. 이런 문제가 해결된다면 어떨 것 같은가? 어떤 기분이겠는가?

---

3. 더 큰 만족을 얻기 위해 할 수 있는, 새롭고 과감하며 전과는 다른 일들은
무엇일까?

개인적인 계획에서

1. 현재 어떤 상황인가?

---

2. 이 분야에서 큰 '성공'을 거둘 수 있다면 어떨 것 같은가? 어떤 기분이겠
는가?

---

3. 이 분야에서 더 발전하기 위해 할 수 있는, 새롭고 과감하며 전과는 다른 일들은 무엇일까?

단체 및 종교적 참여에서

1. 현재 어떤 상황인가?

---

2. 이 분야에서 원만하게 활동할 수 있다면 어떨 것 같은가? 어떤 기분이겠는가?

---

3. 이 분야에서 더 발전하기 위해 할 수 있는, 새롭고 과감하며 전과는 다른 일들은 무엇일까?

가족 및 친구 관계에서

1. 현재 어떤 상황인가?

2. 이들과 좋은 관계를 맺을 수 있다면 어떨 것 같은가? 어떤 기분이겠는가?

3. 이 분야에서 더 발전하기 위해 할 수 있는, 새롭고 과감하며 전과는 다른 일들은 무엇일까?

건강 관리에서

1. 현재 어떤 상황인가?

2. 꾸준한 노력으로 건강을 유지할 수 있다면 어떨 것 같은가? 어떤 기분이 겠는가?

---

3. 이 분야에서 더 발전하기 위해 할 수 있는, 새롭고 과감하며 전과는 다른 일들은 무엇일까?

자신과 삶에 대한 믿음에서

1. 현재 어떤 상황인가?

---

2. 단단하고 지속적인 믿음을 일구어낼 수 있다면 어떨 것 같은가? 어떤 기분이겠는가?

---

3. 이 분야에서 더 발전하기 위해 할 수 있는, 새롭고 과감하며 전과는 다른 일들은 무엇일까?

_____

_____

_____

종합 평가 : 지금까지 적은 것을 다시 천천히 읽어보라. 어떤 문제에 답하기가 얼마나 쉬웠고, 얼마나 어려웠는지 살펴보라. 이 가운데 앞으로 21일 동안 시도할 세 가지를 골라 적어보라.

1. _____

2. _____

3. _____

QUIZ

근육의 긴장을 풀어주고 가슴을 마사지하는 동시에 폐활량을 늘려주는 행동은 무엇일까?
a) 달리기   b) 웃기   c) 잠자기

정답은 b) 운동과 수면은 건강을 위한 필수 요소이다. 그렇다 해도 웃음의 효과는 아무리 강조해도 지나치지 않을 것이다. 웃음은 긴장을 풀어주고, 마사지 효과가 있으며, 폐활량을 늘려준다. 심혈관계 질환 감소, 스트레스 해소는 물론 면역기관 강화에도 도움이 된다. 우리는 다른 사람들과 친분을 맺고자 할 때 불평하는 경우가 많다. 이런 불평 잔치를 웃음으로 바꿔보는 건 어떨까? 믿을 수 없는 일이라고? 지난 저녁식사 자리에서 우리 세 딸이 나 때문에 배꼽을 잡고 웃던 모습을 당신이 봤어야 하는데 참 아쉽다. 그러려면 좀 뻔뻔해져야 한다. 세 딸은 지금도 그 이야기를 하며, 이제는 셋 중 하나가 먼저 나서서 장난을 시작하곤 한다. 나는 우리가 새로운 의식儀式을 창조했다고 굳게 믿는다. 이것이야말로 웃음 요법 아닐까? 우리 모두 웃음 중독자가 될 수 있다!

대청소하기

불평을 그만두는 것은 봄맞이 대청소나 다름없다. 당신이 머무는 공간에도 같은 방법을 적용해보는 건 어떨까? 집이 깨끗하고 정돈되어 있으며 불필요한 물건들을 치우고 나면, 대체로 더 차분하고 더 평온하며 더 긍정적이 된다.

지금 집에 있다면 책을 덮고 주변을 둘러보라. 눈에 들어오는 것들을 살펴보라. 깨진 창문, 버리려고 모아둔 건전지 더미, 선반에 방치해둔 고장 난 라디오 등. 이 물건들은 죄다 망가졌거나 쓸모없거나, 너무 크거나 너무 작거나, 너무 낡았거나 이제는 마음에 들지 않는 것들이다.

하루 일과에서 10분 정도(혹은 온종일) 짬을 내어, 주변 공간에 있는 21가지 물건을 추려내라.

· 재활용할 수 있는 것은 재활용하라.

· 기부할 수 있는 것은 기부하라.

· 간직하고 싶은 것은 고쳐라.

· 더 이상 쓰지 않는 것은 버려라.

21가지 물건을 다 추려낼 때까지 멈추지 마라. 다음 표를 활용하면 정리할 물건들을 한눈에 파악할 수 있다.

석 달 혹은 넉 달에 한 번 과감하게 대청소를 실시하라.

1.	2.
3.	4.
5.	6.
7.	8.
9.	10.
11.	12.
13.	14.
15.	16.
17.	18.
19.	20.
21.	

내가 주로 하는 불평을 알아보자

차가 막혀서 시간이 아깝다고 불평하는가? 집이 난장판이라 투덜대는가? 내 시간이 없다고 하소연하는가?

매일같이 반복하는 '불평'을 적어보자.

_____

_____

_____

하루 동안 집중해서, 그 불평을 입 밖으로 표현하지 않도록 해보자(당분간 다른 불평들은 신경 쓰지 마라).

이 목표를 달성했는가?

_____

_____

_____

달성했다면, 어떤 일이 벌어졌는가? 여기서 무엇을 배웠는가?

_____

_____

_____

미니 챌린지 : 한 주 동안 매일 선물하기

사소한 불행에 대해 일일이 불평하면 마음이 공허해진다. 이럴 때 너그러움이
라는 '근육'을 단련할 수 있는 좋은 방법이 있다. 남에게 베푼 만큼 자기에게 돌
아온다. 베풂은 삶에서 만족이라는 창고를 채워주는 탁월한 방법이기도 하다.
한 주 동안 매일 다른 사람에게 선물을 하라. 소박한 선물도 좋고, 약간 값나가
는 선물도 좋다. 예를 들어 정원의 꽃, 카드, 집에서 구운 과자나 직접 만든 자
그마한 소품도 좋다.

선물하는 대상은 친구나 가족이 될 수도 있지만, 한 번도 말을 나눠보지 않은 직
장 동료도 괜찮고, 동네에 사는 이웃이나 노숙자도 괜찮다. 물론 날마다 받는 대
상을 바꿀 수 있다. 하지만 하루라도 불평을 해서는 안 된다. 이것이 목표이다!

사소한 거짓말은 금물!

우리는 남들이 우리 말을 들어주고 동정심을 가져주길 바라면서 시시때때로
사실을 과장하곤 한다. "정말 비극이야." "사람들이 나를 절대 안 도와주더라
고." "힘든 일은 다 내 차지야." 이렇게 상황을 부정확하게 표현함으로써 진실
성을 말살하고 마음을 걸어잠근다. 불평을 그만두는 것은 정확한 표현을 찾아
진실성을 되찾는 것이기도 하다.

1단계

최근 정확한 단어를 쓰지 않았던 상황을 생각해보고, 그 상황을 나열해보라 (당신은 사실을 과장했고 그것을 비극으로 둔갑시켰다. 혹은 그저 그런 성과를 감추고 변명하는 데 급급했다).

예: 중요한 회의에 20분이나 늦게 도착했다. 나는 열차가 지연되어 늦었다고 변명했다.

2단계

정확하게 말했는가? 어떻게 말했는가?

예: "늦어서 죄송합니다. 열차를 꽤 오래 기다려야 했어요. 이건 미친 짓이에요. 문제가 끊이질 않는다니까요. 정말 지옥철이에요!"

3단계

실제 상황은 어땠는가?

예: 대중교통을 이용할 때 돌발상황이 생길 수 있다는 걸 미처 예상하지 못했다.

게다가 출발하기 전에 이메일을 한 통 보내느라 더 늦었다.

4단계

다음번에 같은 상황에 처한다면, 정확히 말하기 위해 어떤 식으로 의사표현을 하겠는가?

예: "늦어서 정말 죄송합니다. 출발하기 전에 이메일을 보내느라 집에서 너무 늦게 나왔습니다. 전적으로 제 책임입니다. 저 때문에 버린 시간을 다 함께 만회할 수 있기를 바랍니다."

5단계

4단계를 마치고 난 소감이 어떤가?

다른 가능성을 열어두어라

다음 주에 휴가를 가려고 단단히 벼르고 있다. 그런데 다음 주 내내 비 소식이 있다는 일기예보가 떴다. 생일파티를 하려고 친구들을 잔뜩 초대했는데, 막판에 다들 못 오겠다고 약속을 취소했다. 되는 일이 없다니까!

일이 닥쳤을 때 불평하지 말고 일단 받아들여라. 그리고 상황을 이용하라.

1단계

일이 계획대로 진행되지 않았다면 먼저 심호흡을 하라. 그리고 불평이 새어 나오는 것을 거부하라.

2단계

자신에게 이렇게 질문하라.

문제를 해결하거나 적어도 피해를 줄이기 위해 내가 할 수 있는 일이 있는가?

_____

_____

_____

원래 계획을 대체할 수 있는 플랜 B가 있는가?

_____

_____

_____

3단계

예기치 못한 상황에서 생겨난 기회들이 어떤 가능성을 열어주었나? 어떻게 그 기회를 포착하고, 유리한 상황을 만들 것인가?

_____

_____

_____

미니 챌린지 : 내 편 찾기

챌 린 지
0 1 1

기운을 쏙 빼놓는 사람들, 피곤하게 하는 사람들, 억압하는 사람들, 활동 범위를 제한하는 사람들. 우리는 이런 사람들 때문에 불평한다. 좋든 싫든 이들은 우리 삶의 일부(부모, 형제자매, 친척, 배우자의 가족 등)이며, 그렇지 않은 경우도 있다. 살다 보면 주변 사람들과 어울리는 방법을 알아야 할 때가 있다. 특히 부정적인 영향을 받지 않도록 해야 한다. 별로 친하지 않은 다른 사람들이라면 선택적으로 상호작용을 할 수 있다(아예 하지 않을 수도 있다). 혹은 우리에게 보탬이 되는 사람들과의 접촉을 더 늘림으로써, 부정적인 상호작용을 대신할 수도 있다.

이번 챌린지는 당신에게 용기를 주고, 진심으로 당신을 지지하고 도와줄 사람 두 명을 48시간 안에 찾아내는 것이다. 그들에게 전화를 걸어 가능한 한 빨리 만날 약속을 잡아라.

2부

21일간의
도전 과정

3장

행복을
선택하라

우리는 불쾌한 일을 겪을 때 그 상황을 모면하려고 불평한다. 그러나 불평한다고 일이 해결되는 것은 아니다(오히려 그 반대이다). 상황을 바꾼다고 반드시 행복에 더 빨리 도달하는 것도 아니다.

불평을 덜 하려면 외적 조건이 어떠하건 스스로 행복을 선택해야 한다. 여러 심리학자들도 살면서 우리에게 일어나는 일이 행복에 실질적인 영향을 끼치지 않는다는 데 동의한다. 중요한 것은 우리가 선택한 태도이다. 아무리 우여곡절과 난관, 장애와 좌절을 겪더라도 현재 이 순간을 침착하게 살아가겠다는 확고한 태도 말이다.

불평을 그만두기 위해
복권에 당첨될 필요는 없다

하버드대학교 심리학과 교수인 대니얼 토드 길버트Daniel Todd Gilbert는 한 가지 유명한 연구를 했다. 베스트셀러가 된 그의 저서 《행복에 걸려 비틀거리다》(2006)에 따르면 복권 당첨으로 큰돈을 거머쥔 사람들을 연구한 결과, 이들은 복권에 당첨된 지 1년이 지나면 당첨으로 삶이 뒤바뀌기 전과 마찬가지 수준의 행복과 불행을 겪는다고 한다.

제자리로 돌아간 이 '행복의 수준'은 하반신 마비 환자처럼 큰 불행을 겪은 사람들에게도 똑같이 적용된다는 점이 가장 흥미로웠다. 결국 좋은 충격이건 나쁜 충격이건, 일정 시간이 지나면 모두 예전과 비슷한 수준의 행복을 느낀다는 것이다. 행복하건 불행하건 '외적인' 상황들은 더 이상 영향을 미치지 않았고, 자신의 일상에 만족하는 사람도 있었지만 그렇지 않은 사람도 있었다.

이 연구를 통해 행복이란 우리가 처한 상황에 그렇게 큰 영향을 받지 않음을 알 수 있다. 부자이건, 무일푼이건, 건강하건, 병들었건, 직업이 있건, 무직자이건, 행복은 상황에 좌우되지 않는다. 오히려 행복은, 이런 상황을 어떻게 '받아들이느냐'에 따라 달라진다. 침착하고 긍정적이며 의욕적이고 결단력

있게 살아갈 수도 있고, 아니면 피해자인 양 스트레스를 받으며 낙담할 수도 있다.

행복의 수준은 무엇에 초점을 맞추느냐에 따라서도 달라진다. 이 책 앞부분에서 로랑 구넬은 "어떤 것에 집중하면 그것이 점점 커진다"고 말한 바 있다. 걱정과 문제가 우리 삶을 독차지하는 길을 택할 수도 있고, 여유를 갖고 일상에서 즐거운 일들을 음미할 수도 있다. 상황이 어떠하건 우리는 지금 여기에서 행복을 길어 올리고, 그 행복에 더 큰 자리를 내어줄 수 있다.

▶ **챌린지 12** : 나를 정말 행복하게 해주는 것들로 삶을 채운다(179쪽)

우리는 원하는 만큼 불평할 수 있다. 한숨을 쉬고 투덜대고 소리를 지를 수도 있다. 그러나 이런 행동은 상황을 개선하고 우리를 더 행복하게 만드는 데 별 도움이 되시 않는다. 상황이 바뀌기를 기다릴 필요도 없다. 결국 행복이란 일상의 사소한 일들을 바라보는 방식에서 비롯되기 때문이다. 햇살을 만끽하고, 아침 일찍 지저귀는 새들의 노래에 귀 기울이고, 주변 사람들에게 사랑을 베풀 여유를 가져라. 직장에서는 유능한 사람이 될 기회를 잡아라.

행복해지는 법은 배울 수 있다

앞서 우리는 외적인 조건이 궁극적으로 행복에 영향을 미치지 않는다고 말했다. 돈이 부족해서, 건강이 안 좋아서, 문제가 있어서 불평을 한다 해도 뾰족한 수가 생기는 것은 아니다. 무엇보다 불평은 우리를 더 행복하게 해주지 않는다. 그런데 왜 어떤 사람들은 다른 사람들보다 더 행복할까? 그들은 행복을 타고났을까? 소박한 삶에서 행복을 느끼는 능력도 유전될까? 어떤 사람들에겐 행복이 불가능한 일이고, 어떤 사람들에겐 식은 죽 먹기이기 때문이다. 정말 불공평한 일 아닌가?

'행복을 느끼는 능력도 유전되는가'라는 질문에 대한 답은 '예'이기도 하고 '아니오'이기도 하다. 미네소타대학교의 과학자 데이비드 리켄David Lykken 박사(함께 자란 쌍둥이와 분리되어 자란 쌍둥이를 연구한 '쌍둥이 실험'으로 잘 알려져 있다)는 행복이라는 감정이 부분적으로는 유전자에 새겨져 있지만, 주어진 행복을 키우는 능력은 의지만 있다면 배울 수 있다고 보았다. 그의 연구는 한 개인이 느끼는 행복의 50퍼센트는 유전자에 좌우되지만, 조건의 차이(사회경제적 지위, 건강한가 허약한가, 부자인가 가난한가, 기혼자인가 혹은 이혼했는가, 자녀가 있는가 없는가 등)가 미치는 영향은 겨우 10퍼센트에 불과함을 입증했다. 따라서 족히 40퍼센트는 우리의 노력 여하에 달려 있는 것이다!

당신은 불평이 많은 만성적 불만족 상태에 있는가 아니면 인생을 늘 장밋빛으로 보는가. 그 이유는 부분적으로는 원래 그렇게 태어났기 때문이다. 그러나 정말 중요한 것은, 행복은 대부분 주변 환경에서 비롯된 생각과 감정, 신념에 의해 결정된다는 것이다. 따라서 당신의 행동에 따라 바뀔 수 있다. 행동을 바꾸려면, 다르게 행동하는 법을 차근차근 배워 내공을 깊이 다져야 한다.

다시 한 번 말하지만 해결책은 우리 밖이 아니라 우리 안에 있다. 하지만 우리는 흔히 해결책을 바깥에서 찾는다. 당신의 현실이 어떠하건, 그 현실을 바라보는 방식을 바꿀 때 행복의 문을 여는 열쇠를 발견하게 될 것이다. 프랑스의 가수 겸 작곡가 베나바르는 〈동전La Petite Monnaie〉에서 이렇게 노래했다. "행복이란 금덩어리가 아니라, 작은 동전 속에 있어."

불평을 그만두는 도전으로 삶을 재구성하라

삶에 대한 인식을 하루아침에 바꾸기는 어렵다. 인식을 바꾸려면 삶을 전반적으로 재구성하는 작업이 필요하다. 일상을 대하는 방식을 바꾸려면, 실질적으로 일상의 사건들을 다르게 생각하고 체험해야 한다. 무엇보다 남들과 무엇을 나누고 싶은지 선택해야 한다.

우리가 하는 말은 우리의 삶과 주변 사람들에게 지대한 영향을 끼치기 때문이다. 우리가 하는 말은 우리의 신념에 밑거름이 된다. 불평을 하다 보면 나중에는 그 불평을 믿게 된다. "사람들은 어리석어, 삶이 고달파, 누구도 우리를 돕지 않아, 아무리 노력해도 대가가 따르지 않을 거야, 그러다 지칠 대로 지쳐버릴 거야" 등의 불평은, 행동은 물론 삶 전체에까지 영향을 미친다. 우리가 사는 세상은 말로 이루어져 있다. 따라서 좋든 싫든 말을 신중하게 해야 한다.

마하트마 간디는 말했다. "당신의 믿음은 생각이 되고, 생각은 말이 되고, 말은 행동이 되며, 행동은 습관이 되고, 습관은 당신의 가치가 되고, 그 가치는 당신의 운명이 된다."

따라서 우리의 삶, 세상, 우리 자신과 소통하는 방식을 '재구성'하는 것이 중요하다. 언어적인 반응을 바꾸려면 오랜 시간 우리 안에 굳어진 생각과 감정들을 차근차근 바꿔나가야 한다.

'나는 불평을 그만둔다'는 도전은 이러한 변화를 가능하게 해준다. 처음에는 도저히 성공할 수 없는 도전이란 생각이 들 것이다. 그러나 공해나 다름없는 불평 습관에서 벗어나는 것은 바로 당신 스스로를 재교육하는 과정이다. 습관의 가장 중요한 문제는, 우리 뇌가 반복적으로 하는 사고와 행동방식이 습관으로 굳어진다는 점이다. 이것이 지배적인 반응 방식이 되어버리면 다른 방식은 아예 거들떠보지도 않게 된다.

새로운 반응 방식이 생겨나려면 적어도 열 가지 배움의 기회가 있어야 한다고 한다.4 말 그대로 당신의 뇌가 새로운 경로를 맺으려면 '실천하고, 배우고, 재교육하는' 과정이 있어야 한다. 이것이 바로 이 도전의 이점이다. 반사적인 행동과 습관은 조금씩 없어지다가 완전히 사라진다. 그러고 나면 더이상은 불평하지 않기 위해 크게 노력하지 않아도 된다. 새로운 습관이 몸에 완전히 배기 때문이다. '불평 근육'은 약해지고 당신을 행복하게 해주는 '행복 근육'은 더 튼튼해지고 강해질 것이다. 거의 불가능해 보였던 도전은 이렇게 습관으로 자리 잡는다.

현재에 충실하라

심리학자 앨버트 엘리스Albert Ellis는 말했다. "인생에서 최고의 순간은 문제가 자신의 것이라고 결정한 때이다. 당신은 엄마를 탓하지도, 생태학이나 대통령을 탓하지도 않는다. 자기가 자신의 운명을 통제할 수 있음을 깨달았기 때문이다."

독일 출신의 캐나다 작가 에크하르트 톨레Eckhart Tolle는 집중의 영적 가치를 찬양했다. 그는 자신의 책《지금 이 순간을 살아라》(1997)에서 이렇게 말했다. '피해자'가 되는 것(타인이 가하는 고통 앞에서 무력한 자세를 취하는 것)은 과거가 현재보다 더 강력하다고 믿는 것이다. 우리에게 고통을 준 타인이나 어떤 일이 현재 우리의 모습에 책임이 있다고 믿는 것이다.

▶ 챌린지 14 : 과거는 과거에 내버려두다(183쪽)

자신을 피해자로 인식하며 불평하면 길을 잃고 행복을 놓칠 수 있다. 우리는 남들이 그 일을 했어야 했다고, 혹은 하지 말았어야 했다고 판단하고 지적한다. 그러나 사실 우리의 힘은 현재에 있다. '현재'와 '지금 당장'에 집중하자. 그 순간은 오로지 지금 존재할 뿐이니까.

▶ 챌린지 15 : 현재를 어떻게 살고 있는가?(186쪽)

싫든 좋든 현재는 지금 여기에 있다. 그 사실을 인정하지 않을 수도 있고 동의하지 않을 수도 있다. 그러나 불평하면서 싸워 봐야 소용없다. 불평은 우리를 지치게 하고 삶을 망가뜨린다. 불평은 수동적인 피해자가 되어 아무렇게나 살아가고 싶은 마음을 감추려는 핑계에 불과하다.

삶을 온전히 이해하고 책임감 있게 살아가도록, 나는 지금 이 자리에 당신을 초대한다. 불평을 그만두고 지금 우리가 원하는 것을 선택하자!

Tip 다음 문구를 냉장고에 붙여두자. "과거는 더 이상 존재하지 않고, 미래는 아직 오지 않았다. 그러니 이미 일어난 일에 대해, 앞으로 이루고 싶은 것에 대해 불평을 멈추자. 있는 그대로의 지금 이 순간을 즐기자. 삶은 아름다우니까."

부정적인 생각을 떨쳐버려라

미국의 작가이자 강연자 바이런 케이티Bryon Katie는 스트레스에서 해방되고 마음의 평화를 얻게 해주는 네 가지 질문법을 고안했다. 그녀는 자신의 웹사이트 '더 워크The Work'(www.thework.com)에서, 우리가 별것 아닌 생각에 얼마나 집착하는지를 보여준다. 그녀는 우리가 '진실이라고' 믿는 것과 거리를 두기 위해 자신에게 질문을 하라고 권유한다. 그러면 저항감에서 벗어날 수 있다. 어떤 일이 일어났을 때 마음의 저항을 거두어내고 그 일을 더 잘 받아들일 수 있다. 사고나 실직, 지각이나 건강 악화 같은 문제가 생겨도 해결책에 집중할 수 있다.

바이런 케이티는 이렇게 말한다. "고통을 유발하는 것은 우리의 생각이 아니라 생각에 대한 집착이다." 불평을 멈추지 않으면 부정적인 생각이 삶을 집어삼킨다. 불평을 통한 부정적인 생각이 우리의 대화, 관계, 일상에 흘러든다. 부정적인 생각은 알게 모르게 우리의 삶과 정체성이 되어버린다. 그러다 결국 그 생각을 진짜라고 믿어버린다!

이 도전에 성공하려면 불평에서 한 걸음 뒤로 물러나는 것이 중요하다. 몸에 배어 있고 우리를 사로잡고 있는 불평을 피하는 것이 중요하다. 불평을 떨쳐버리고, 불평을 다시 생각해봐야 한다. 결단코 부정적인 생각을 억누르라는 말이 아니다. 부정적인 생각이 떠오르지 못하게 막기란 거의 불가능하다는 걸 나도 잘 알고 있다. 더구나 그것은 이 책의 주제도 아니다.

> **챌린지 17 :** 세도나® 명상법(191쪽)

인간의 뇌는 하루 종일 끊임없이 생각하는 굉장히 활동적인 기관이다. 생각이란 의식하지 않아도 머릿속을 자유롭게 드나든다. 수천 번도 넘게 떠올랐다 사라지며, 생각이 머릿속에 머물지 못하게 막을 수도 없다. 어떤 생각은 긍정적이고 어떤 생각은 부정적이다. 결과적으로 긍정적이냐 부정적이냐는 그렇게 중요하지 않다. 생각 자체는 해를 끼치지 않기 때문이다. 생각은 바로 우리 머릿속에 있다. 그러므로 머릿속에만 있고 겉으로 표현하지 않은 불평은 이 도전에 포함되지 않는다. 그런 불평은 흘려보내고 우리는 일상을 계속 살면 된다.

불행은 생각에 집착할 때 다가온다. 생각에 중요성을 부여하고, 그 생각을 불평으로 표현할 때 찾아온다. 이때부터 삶에 부정적인 생각이 뿌리를 내린다. 우리는 그 생각에 구체적인 모습을 부여한다. 반대로 불평을 없애면 부정적인 생각이 머물 건강한 공간이 생기므로, 그 생각들을 쏟아버릴 수 있다.

그다음 단계로 부정적인 생각이 자유롭게 드나들게 해야 한다. 실망감에 연연하지 않고 다시 제자리를 찾아야 한다!

감정을 부인하라는 말이 아니다. 오히려 감정을 느끼도록 허용해주어야 한다. 그다음에 부정적인 생각에 집착하지 않고 떨쳐낼 줄 알아야 한다. 생각에 매달리지 않고, 불평하면서 대화에 부정적인 생각이 살아 숨 쉴 여지를 주지 않아야 한다!

사실 우리는 날마다 똑같은 걱정을 하는 습성이 있다. 이때 우리의 뇌는 흠집 난 CD처럼 작동한다. 온종일 같은 구간을 계속 반복하는 것이다. 그러다 보면 하루 종일 우리가 내뱉고 표출하는 불평 속에 갇히고 만다. 태국의 위대한 명상가 아잔 차는 말했다. "적게 내려놓으면 작은 평화를 얻을 것이다. 많이 내려놓으면 큰 평화를 얻을 것이다. 완전히 내려놓으면 완벽한 평화를 얻을 것이다."

같은 걱정을 반복하는 문제에 대해 문화인류학자 안젤레스

아리엔5은 일부 토착문화에서 어떤 방법으로 남에게 자기 이야기를 하도록 장려하는지 설명한다. 자기 이야기를 하되 세 번 이상 같은 이야기를 하면 안 된다는 것이다. 이 문화권에서는 가까운 사람들에게 속마음을 털어놓고 문제에서 해방되는 것, 속내나 불행을 이야기하며 공감을 받는 것을 중요시한다. 그러나 세 번 이상은 안 된다. 세 번 이상 반복한다는 건 피해자의 입장에 갇혀 있다는 징조이기 때문이다. 세 번이면 충분하다. 그 이상이면 같은 이야기를 더 자극적이고 강도 높게 묘사하게 된다(알다시피 우리는 삶의 비극적인 면에 열중하는 습성이 있다).

같은 걱정을 반복하는 것은 자신을 피해자로 만들지 않고서는 어떻게 해야 할지 모른다는 신호로도 읽힌다. 이러한 의존성에서 벗어나려면 전력을 다해야 한다. 높은 곳에 섰다가도 물러서야 하며, 사물을 다르게 보고 특히 용서할 줄 알아야 한다. 완벽하지 못한 자신을 용서하고 타인을 용서해야 한다. 그래야 자신으로부터 해방되어, 자유롭게 삶의 길을 계속해서 걸어갈 수 있다. 삶의 즐거움을 포착하고 만끽할 수 있다.

> **챌린지 19 : 불평을 비웃어주자**(195쪽)

실망감에서 벗어나려면 일기를 쓰는 것도 좋은 방법이다. 운동을 하거나 집 주변을 산책할 수도 있다. 건설적인 방법으로 친구

와 이야기하라. 도움이 필요하다면 전문가를 찾아가보는 것도 좋다.

 당신도 같은 이야기를 세 번 이상 반복하는가. 그렇다면 당신의 이야기를 귀 기울여 들어줄 사람을 찾아라. 그 사람 앞에서 마지막으로 한 번만 이야기하라. 그런 다음 종이에 당신이 한 불평을 적은 뒤, 촛불에 태워버려라. 아니면 잘게 찢어서 쓰레기통에 버려라. 종이가 사라질 때 이렇게 되뇌라. "내 삶을 누리기 위해, 나는 떨쳐냈고 자유로워졌어."

모든 상황을 통제할 수는 없다

우리는 21세기를 살아가고 있다. 세상은 더 능률적이고 더 체계적으로 살아야 한다고 압력을 가한다. 누구나 직업적 성공과 화목한 가정, 여유와 건강한 삶을 원한다. 타인의 시선이나 사회의 '규칙'을 의식하다 보니 해야 할 일은 점점 더 늘어난다. 일과 삶의 경계가 모호할 때가 다반사이고, 그러다 보니 하루 일과는 전부 뒤죽박죽이다. 어떻게든 정돈을 해서 균형 잡힌 삶을 살려고 노력하지만 신통치 않다. 모임, 스포츠 강좌, 가족, 산더미 같은 서류들, 장 봐야 할 목록 등, 우리는 귀하디 귀한 시간을 쪼개, 재주를 부리듯 온종일 이 모든 일들을 하려고 한다.

모든 상황에 대처하려면, 모든 것을 통제할 수 있어야 한다. 그러나 예상치 못한 일이나 장애물에 부딪히면 인내심은 바닥을 드러낸다. 우리에게 일어난 일을 통제하지 못할 때 크게 좌절한다. 일정이 더뎌지고 평정심을 찾기가 힘들다고 느끼기 때문이다. 그래서 불평한다.

주변 상황, 특히 사람을 통제하지 못할 때도 답답함을 느낀다. 당연하다. 삶은 연극이 아니니까! 연극에서는 내 맘대로 무대를 꾸미고, 연출가가 배우를 통제하듯 다른 사람들을 통제할 수 있다. 하지만 일은 생각대로 되지 않는 경우가 훨씬 많다. 우리에게 무엇이 좋은지 뻔히 안다고 믿지만, 불행하게도 우리는 우리에게 일어나는 일을 결정할 수 없다. 타인과 우리의 삶을 통제할 수 있다고 믿을 때 착각에 빠지고 엄청난 좌절감이 생긴다.

다른 사람을 꼭두각시처럼 내 마음대로 할 수 없다는 건 지극히 당연한 일이다.

- **그래, 저들도 사람이야. 손가락 하나 까딱하고 눈 한번 찡긋한다고 해서 명령에 복종하게 만든다는 건 다 착각이야!**
- **그래, 일이 더딜 때도 있어. 사람들은 내가 계획한 일을 막거나, 반대하기도 하지!**
- **그래, 가끔은 아직 준비가 덜 된 사람도 있고, 조금 천천히 가고 싶**

어 하는 사람도 있어. 내게 찬성하지 않을 때도 있고, 나름대로 탐색하고 생각할 시간이 필요한 경우도 있어. 심지어 나랑 다른 방식을 원하는 사람도 있어!

• 그래, 나는 전지전능한 신이 아니야(젠장)!

하지만 이런 생각이 내 삶을 망가뜨린다면 차라리 거부하겠다. 불평은 덜 하고, 하루의 목표를 이루기 위한 기회는 더 많이 생각하겠다. 그리고 더 많이 웃을 것이다.

무엇이 최선인지 항상 알 수는 없다

무엇이 최선인지 알 수 없을 때가 많다. 아주 중요한 약속이 있는데 차가 막히면, 늦을까 봐 운전대를 잡고 짜증을 낸다(그렇게 중요한 약속이 아니어도 상황을 극단으로 몰아가긴 마찬가지이다). 급한 마음에 서두르다 사고가 나지 않은 게 다행이라고는 생각하지 않는다. 일이 바쁜데, 줄을 서야 한다니 짜증이 밀려온다. 하지만 줄을 서다 멋진 사람을 만나게 될지 누가 알겠는가?

우리는 '재수가 없다'는 말을 정말 자주 한다. 운이 없는 것 같고 하는 일마다 잘 풀리지 않는다고 느낀다. 어떤 이들은 직장을 잃고 가족이나 건강을 걱정한다. 안 좋은 일은 늘 한꺼 번에 일어난다. 이럴 때는 누가 저주라도 내린 게 아닐까 하 는 생각이 든다. 그러나 솔직히, 무엇이 최선인지 정말 안다고 100퍼센트 확신할 수 있을까? 삶 전체를 통제하고 완벽하게 대처한다고 해도, 그게 정말 득이 될까?

▶ 챌린지 21 : 전화위복(196쪽)

이제 익명의 저자가 들려주는 두 이야기를 읽고 깨닫는 바 가 있기를 바란다.

왕과 조언자

아주 오랜 옛날, 어느 왕에게 현명한 조언자가 있었다. 그는 하 루가 멀다 하고 주군에게 이렇게 말했다. "폐하께 일어나는 모든 일은 복을 가져다줄 것입니다." 그러던 어느 날 왕이 행차 중 검을 놓쳐 그만 발가락이 잘리고 말았다. 몹시 상심한 왕은 조언자에게 가서, 과연 이 사고도 복을 주려고 일어났느냐고 물었다. 현자는 여전히 같은 말을 되풀이했다. "폐하께 일어나는 모든 일은 복을 가져다줄 것입니다." 천인공노한 왕은 그의 말을 모욕으로 여기고, 벌로 현자를 옥에 가두었다.

얼마 뒤 왕은 궁 주변으로 사냥을 나섰다. 그런데 병사들이 드넓은 숲으로 너무 빨리 흩어지는 바람에, 밤이 되자 왕은 홀로 길을 잃고 말았다. 아무리 소리쳐도 대답은 돌아오지 않았다. 왕은 빠져나갈 길을 찾고 또 찾았지만 헛수고였다. 기운이 다 빠져 녹초가 되었을 즈음, 마침내 희미한 불빛이 보였다. 왕이 말했다. "살았다, 살았어!" 그는 불빛을 향해 발걸음을 옮겼고, 자신의 왕국에 살고 있는 줄 몰랐던 한 부족을 발견했다. 그는 자신이 이 숲의 왕이라 밝히고, 궁전을 찾게 도와준다면 큰 사례를 하겠노라고 약속했다.

하지만 일은 생각대로 되지 않았다. 원주민들과 왕의 말이 서로 달랐던 것이다. 그들은 공격적으로 나왔고, 왕은 이들이 전에 병사들이 말했던 식인 부족임을 눈치챘다. 원주민들은 왕을 잡아먹으려고 불에 굽기 전에 먼저 옷을 벗겼다. 그때 원주민들은 왕에게 발가락이 없다는 사실을 알아차렸다. 알다시피 식인종들은 불구자는 절대 잡아먹지 않는다. 왕이 먹음직스러워 보였지만 아쉽게도 그들은 왕을 풀어주어야 했다.

며칠을 헤맨 끝에 마침내 왕은 궁으로 돌아왔다. 왕은 서둘러 조언자를 풀어주라고 명했다. "정말 그대가 옳았네. 검 때문에 일어난 사고가 내게는 정말 좋은 일이었어. 자네는 몇 주 동안 감옥에 갇혀 있었는데, 그래도 그것이 좋은 일이라고 생각하는지 심히 의심스럽군!" 그러자 현자가 대답했다. "폐하, 소인에게 일어난 모든 일은 소인에게 좋은 일입니다. 제가 감옥에 갇히지 않았다면 저도 사냥에 나섰을 테지요.. 저는 폐하 곁을 지켰을 것이고, 그랬다면 우리 둘 다 식인종에게 발견되었을 겁니다. 하지만 폐하, 제 발가락은 아직 열 개입니다….”

행운인지 불운인지, 누가 알겠는가?

어느 늙은 농부에게 늙은 말이 한 마리 있었다. 그는 이 말을 데리고 밭을 갈았다. 어느 날, 말이 언덕으로 도망을 가버렸다. 이 일을 안타깝게 여기는 이웃에게 노인은 이렇게 말했다. “행운인지 불운인지 누가 알겠소?” 일주일 뒤 말은 야생마 한 떼를 거느리고 언덕으로 돌아왔다. 이번에는 이웃들이 노인에게 복을 받았다며 축하를 해주었다. 노인은 또 이렇게 대답했다. “행운인지 불운인지 누가 알겠소?” 그런데 노인의 아들이 이 야생마 한 마리를 길들이려 그만 말에서 떨어져 다리가 부러지고 말았다. 모두가 정말 불행한 일이라고 생각했다. 그런데 농부는 그저 이렇게 말할 뿐이었다. “행운인지 불운인지 누가 알겠소?” 몇 주 뒤, 군대가 마을로 들어오더니 건강한 젊은이들을 죄다 잡아갔다. 군인들은 노인의 아들이 다리가 부러진 것을 보고 데려가지 않았다. 이것은 행운이었을까 불운이었을까? 누가 알겠는가?

왕의 조언자와 늙은 농부가 전하는 교훈은 사소한 불행이나 불의의 사고, 지각 혹은 일상의 다른 불쾌한 일들에도 적용할 수 있다.

다음에 소개하는 이야기는 도전을 하는 동안 내게 있었던 일이다.

나는 세 딸을 데리고 여행을 떠날 참이었다. 겨우 100킬로미터 떨어진 곳으로 이동하는데, 짐을 챙기려니 거의 이사 수준이었다. 세 딸들은 내일 할아버지 할머니와 함께 9일 동안 놀러간다. 그동안 나는 부모님댁에 머물면서 일을 볼 예정이었다. 아침에 필요한 물건들을 정리하고 짐을 꾸리는 데 1시간 반이 걸렸다. 더러운 속옷을 빨고, 양말을 찾아다니고, 애들 담요를 챙기고, 가져갈 옷가지들을 골랐다.

정오가 다 되어서야 얼추 준비가 끝나 가방을 닫았다. 몇 가지 자질구레한 물건만 챙기면 끝이었다. 나는 상황을 통제했다. 그러고 나서 아이들과 몇 시간 동안 휴식을 취했다. 오후 4시쯤 출발할 채비를 했다.

그런데 자동차에 올라타 시동을 걸기까지 1시간 반이 더 걸렸다. 그동안 불평하지 않기 위해 마음을 가라앉혀야 했다. 좌절감이 들었다. 짐 싸는 일이 간단할 줄 알았는데, 생각보다 시간이 너무 많이 걸린 것이다. 할 일이 태산 같았다. 우선 컴퓨터와 충전기를 챙겨야 했다(잊어버릴 경우 완전 망하는 것임!).

빨래가 저절로 마를 일은 없으니, 세탁기에서 빨래도 꺼내야 했다. 딸내미가 어딘가에 던져놓은 양말 한 짝(그런데 대체 어디 있담?)과 정원에 있는 카메라도 찾아야 했다. 아이들 방 청소도 잊으면 안 된다. 딸내미가 간절히 부탁한 CD도 찾아야 한다. 그 CD는 자동차 여행할 때 들으라고 특별히 애들 사촌 언니가 빌려준 것이다. 마지막으로 정원 잔디밭에 뒹구는 젖은 수영복도 찾아놓아야 한다.

집이 아닌 다른 곳을 낯설어하는 아이들은 신경이 날카로운 상태여서 나한테만 달라붙었다.

정말 불평하고 싶었다. 투덜대고 싶었다. 일정이 예상보다 늦어지고 있었기 때문에 압박감이 밀려왔다. 더 이상 상황을 통제하지 못하고 있다는 느낌이 들었다. 하나라도 빼먹으면 안 되는 이 책임 앞에서 나는 혼자라고 느꼈다. 견디기 힘들었다. 수차례 도움과 집중을 요구했지만, 아이들은 이 상황에 별 도움이 되지 않았다.

이때 나를 구원한 것은 내려놓기였다. 무슨 일이 생기건 어쨌든 모든 게 완벽하다고 스스로에게 말해주는 것이었다.

준비하는 데 45분이면 될 거라고 생각했지만 그건 불가능했다. 주말에는 차가 막혀서 이 상황만은 피하고 싶었지만, 그러기는 틀렸다.

마지막으로 나는 이렇게 생각했다. '앞으로 시간이 더 걸릴 것이고, 그 점에 대해서는 네가 할 수 있는 일이 없어. 차가 막혀도(다들 오후 5시 이후에 나서면 안 된다고 얘기했지만) 그렇게 심각한 일은 아니야. 모든 게 완벽하게 진행될 것이고, 넌 잘 해낼 수 있을 거야(결국엔 가는 동안 농담도 주고받고, 음악도 듣고, 게임도 했다). 그러니까 다시 한 발짝 내딛고 최선을 다하면 되는 거야. 불평할 가치도 없는 문제야. 어쨌든 이렇게 아름다운 날을 망치지 않을 거야.'

이것이 바로 더 이상 불평이 없는 하루다!

사람들이 짜증 나게 할 때

우리의 불평을 가장 많이 유발하는 건 바로 사람들이다. 도전을 시작했다면 그런 사실을 금세 알아차렸을 것이다! 나는 이들을 불평의 '주범'이라 부른다. 물론 인간의 본성은 그렇게 단순하지 않고, 사람들이 우리를 괴롭힐 때도 있다. 우리는 그들이 왜 그렇게 반응하는지 이해하지 못한다. 또한 존중받지 못할까 봐, 거부당할까 봐 두려워한다. 사람들은 우리에게 좌절감과 스트레스를 주며, 우리를 놀라게 하거나 실망시킨다. 이럴 때 불평하지 않기란 어려운 법이다.

아래 소개하는 아메리카인디언 우화는 큰 울림을 준다. 인

디언들은 밤마다 신성한 불 주위에 둘러앉아 이 우화를 나눈
다고 한다.

두 마리 늑대

한 노인이 친구 때문에 몹시 화가 나서 자신을 만나러 온 손자에
게 말했다. 손자는 그 친구가 공정하지 않다고 말했다. "할아비가
이야기 하나 들려주마. 나도 때로는 그릇된 행동을 하고서 전혀 뉘
우치지 않는 사람들에게 증오심을 느끼곤 한단다. 증오는 너를 지
치게 하지만, 네 적에게는 절대 상처를 주지 않아. 독은 네가 삼키고
적이 죽기를 바라는 것과 마찬가지이지. 나도 자주 이런 감정들과
싸우곤 한단다."

노인이 이렇게 말을 이었다. "마치 내 마음속에 늑대 두 마리가
들어앉아 있는 것 같아. 한 놈은 착한 녀석이라 절대 나를 해치지 않
지. 그 녀석은 주변에 있는 모든 것과 잘 어울려 지낸단다. 이유가
없는 한 절대 공격하지 않아. 마땅히 그래야 할 경우에만 싸우고, 또
공정한 방법으로 싸운단다. 하지만 다른 늑대는 말이다, 아! 화가 잔
뜩 나 있지. 사소한 일에도 발끈해서는 분노를 터뜨린단다. 그 녀석
은 아무 때고, 아무 이유 없이 누구든 걸리면 싸워대지. 분노와 증오
가 어마어마하게 커서 도저히 생각이란 것을 할 수가 없단다. 내 안
에 있는 이 두 늑대와 함께 사는 건 때론 너무 어려운 일이야. 두 녀

석이 서로 내 마음을 차지하려 드니까."

아이는 할아버지의 눈을 찬찬히 들여다보고는 이렇게 물었다. "두 늑대 중에 어떤 늑대가 이겨요?"

할아버지는 웃으며 인자하게 대답했다. "내가 먹이를 주는 놈이 이기지."

당신은 어떤 늑대에게 먹이를 주는가? 사람들 때문에 자주 기분이 상하고 모욕감을 느끼는가? 자주 화가 나는가? 다른 사람이 나를 판단하고, 거부하고, 나무라고, 무시한다고 느끼는가? 당신을 함부로 대하는 사람을 벌주고 싶은가? 혹은 대화 자체를 거부함으로써 자신을 보호하는가?

위의 두 늑대 이야기를 읽고 나면, 분노를 느끼거나 불평에서 벗어나지 못할 때 사실은 내가 나 자신을 벌하고 있다는 걸 깨닫게 된다. 결국 고통에 계속 집착하기로 선택하는 것은 우리 자신이다. 극도로 예민해져서 발끈하고, 급기야 몹시 날카로워져서 분노의 포로가 되고 만다.

불평을 그만두는 도전은 주변과 조화롭게 살아가는 늑대에게 먹이를 주라고 권유한다. 이 늑대는 건설적이고 건전하게 소통할 줄 안다. 용서함으로써 자유로워질 수 있는 용기를 지녔고, 공정하다. 책임을 질 줄 알고 피해자가 되지 않는다. 다른 사람들의 태도가 어떠하건 침범당하지 않는 쪽을 택한다.

남들이 뭐라 하건 행복과 평온을 선택한다.

당신 안의 늑대들을 관찰해보라. 지금 이 순간 당신의 인생에서 어떤 늑대가 더 힘이 센지 살펴보라. 이제 당신 스스로 만족하는지, 마음이 편안한지 생각해보라.

▶ **챌린지 23 :** 착한 늑대에게 먹이를 주기(201쪽)

평화롭게 살고 싶다면 손목에 팔찌를 차고 도전을 시작하라 (220쪽 참조). 내일로 미루지 마라. 이 도전을 받아들이고 당장 시작하라. 매 순간 성공과 실패를 거듭하겠지만, 그 순간들은 평온한 삶을 향한 여정에 밑거름이 될 것이다.

기억하기
- 행복이 외적 조건에 근거한다는 믿음을 버려라.
- 행복해지는 법을 배워라. 우리의 뇌를 재구성하는 도구로 이 도전을 활용하라.
- 삶을 있는 그대로 받아들이고 매 순간을 만끽하는 데 집중하라. 그럴 때 삶의 풍요로움에 다가갈 수 있다. 예를 들어 우리 가족, 나의 몸, 자연, 도시, 기술, 타인 등 모든 것을 삶의 선물로 인식할 수 있다.
- 삶을 완벽하게 통제할 수 없음을 기억하라.
- 불행을 떨쳐버려라. 지혜로운 조언자의 말을 기억하면 도움이 될 것이다. "당신에게 일어나는 모든 일은 복을 가져다줄

것이다."

- 사람들의 말과 태도가 우리의 행복을 방해하지 못하게 하라. 사람들이 짜증 나게 할 때, 어떤 늑대에게 먹이를 줄 것인지 선택하라.

4장

소통 방법을
바꿔라

불평을 하면 사람들과 멀어진다. 이 도전을 활용해 새롭게
소통하는 법을 맛보자.

불평은 인간관계에 골을 만든다

로랑 구넬의 《신은 익명으로 여행한다》(2010) 가운데 눈에
띄는 구절이 있어 소개할까 한다.

이 책은 주인공 남자가 한 스승의 가르침에 따라, 자신의 삶
과 행복을 진정 자신의 것으로 만드는 방법을 찾아가는 과정
을 그리고 있다. 어느 날 스승이 그에게 말했다. "어제 주의 깊

게 살펴보니, 자네는 타인을 위해 노력하는 사람으로 보이길 좋아했어. 그리고 자네의 '희생'에 대한 보상으로 사람들의 인정을 바랐지. 거기다 불평을 늘어놓아 사람들의 동정심을 끌어내려고 하더군. 우리끼리 말이지만, 그건 다 소용없는 짓이야. 이제까지의 모든 연구에 따르면, 사람은 누구나 자기 선택에 책임을 지고 그 선택에 따라 살아가려는 사람에게 더 끌린다는 거야. 결론적으로, 자네의 그 푸념으로는 누구의 마음도 움직일 수 없다네."

나는 이 부분에 깊은 감명을 받았다. 나도 정말 그렇다고 생각했기 때문이다. 내 푸념은 누구의 마음도 움직일 수 없다. 내 한숨은 모든 사람에게 전염된다. 내 입에서 나온 불평은 나와 주변 사람들을 멀어지게 한다. 불평을 멈추자 다른 사람들이 내게 다가온다는 것을 확실히 느꼈다.

이런 사실은 특히 아이들과의 관계에서 명확하게 드러났다. 내가 불평을 하지 않자 아이들이 더 쉽게 다가왔고 어리광도 부렸다. 아이들과 수시로 나누는 다정한 대화가 갑작스레 기쁨으로 느껴졌다. 아이들을 안아주는 순간들이 한없이 행복했다. 우리는 '갈등' 모드나 '제재' 모드에서 벗어나 더 큰 친밀감을 경험했다. 나는 이 글을 쓰다가 아이들과 꽤 오래전부터 거리를 두어왔다는 사실을 깨닫고 깜짝 놀랐다. 도전을 하기 전에도 우리는 분명 애정을 느끼고 있었다. 그러나 불평이 줄어든 뒤로는 애정 표현이 눈에 띄게 늘었다.

결론적으로 사람들은 불평의 대상이 자신들이 될까 봐 우리 옆에 있기를 꺼려한다. 그들은 주어진 것을 거부하는 우리의 푸념을 귀에 못이 박히도록 듣는다. 우리에게 다가왔을 때 자신들도 거부당하지 않을까 두려워하는 것이다.

한 발 뒤로 물러나 생각하라

불평은 에너지나 집중을 요하지 않고, 거의 자연적으로 나오는 반응이다. 반면 불평을 그만두려면 더 많이 반성하고 한 발 뒤로 물러나 생각해야 한다. 특히 처음에는 그렇다. 몇 주 뒤(물론 21일 뒤에!)에야 별 노력 없이 자연스럽게 불평하지 않을 수 있는 달인의 경지에 이른다고나 할까.

영 믿기지 않는다면 이런 테스트를 해보라. 출근하려고 지하철역에 도착했다. 그런데 전 노선이 운행 중단되었으며, 언제 재개될지 알 수 없다는 안내방송이 흘러나온다. 당신은 즉각 어떻게 반응하겠는가? 아무래도 이렇게 불평하지 않을까. "말도 안 돼. 이번 달만 벌써 세 번째야. 누굴 놀리나. 일을 좀 제대로 할 수 없나. 나는 일하러 가야 한다고!" 우리는 주로 이렇게 말한다. 주변에서도 이런 소리들이 여기저기서 들려온다. 우리는 그저 나란히 서서 불평을 반복할 뿐이다.

이번에는 불평하지 않는 경우를 가정해보자. 출근을 못 하게 된 '다른 사람들'처럼 자신을 피해자로 보지 않는다고 하자. 앞서 왕의 조언자(108쪽 참조)가 말한 것처럼, 어떤 일이 일어나든 도움이 될 거라고 생각하고 반응을 상상해보자.

어떤가, 훨씬 어렵지 않은가? 자연스럽게 되지 않는다! 급하게 지금 상황에서 할 수 있는 일을 생각하고 이 상황을 스스로 책임져야 한다. 침착함을 유지하고 다른 행동계획을 세워야 한다. 이것은 시간이 더 오래 걸리고 더 정교한 반응이다. 이런 반응을 다른 사람과 공유해야 한다면, 더 많은 말과 더 정확한 설명이 필요할 것이다. 무엇보다 지하철역에 함께 있는 사람들의 생각과는 아주 다르고 독특할 것이다.

이브 알렉상드르 탈만Yves-Alexandre Thalmann은 이렇게 설명한다. "심리학자들의 연구에 따르면, 비관적인 사람들의 어휘는 낙관적인 사람들보다 빈약하고 곤궁하다. 젊은이들의 폭력성은 어휘의 빈곤함에 비례한다는 연구 결과도 있다. 사람은 감정을 언어로 표현해내지 못할 때, 때리고 부수게 된다!"6

당신은 이렇게 말할 수 있다. "괜찮아. 사무실에 전화해서 메일로 파일을 보내달라고 하면 돼. 그러면 민폐 끼치지 않고 조용히 일을 처리할 수 있을 거야. 그렇게 나쁘지 않네. 이렇게 마무리할 수 있다는 걸 알았으니 얼마나 좋아. 폴에게 전화해서 오전 10시 미팅도 취소해야겠다. 정오에는 지하철이 분명히 복구될 테니, 오후에는 사무실에 있을 수 있겠지."

승강장에 있는 또 다른 사람은 이렇게 말할지 모른다. "좋아. 괜찮아. 사장한테 전화해서 지하철 고장으로 하루 쉬어야겠다고 말해야지. 예상한 일은 아니지만 그다지 나쁠 것도 없어. 몸도 피곤하고, 그동안 나를 위한 시간도 통 내지 못했으니까. 이번 기회에 미용실에 가야겠다. 미용실에 안 간 지 벌써 넉 달이나 지났어. 여동생한테 전화도 해야겠다. 오후에는 요리를 한 다음, 소분해서 냉동시켜야지. 오랜만에 요리하고 싶은 마음이 들었어."

이 두 시나리오에서 본 것처럼, 우선 예기치 못한 변수를 받아들여야 한다. 그다음 비생산적일뿐더러 아무짝에도 쓸모없는 단순한 불평이 아니라, 훨씬 세세하게 심사숙고해야 한다. 갑작스럽게 시작된 이 하루를 위한 두 가지 선택을 설명하느라 말이 길어졌다. 불평을 멈추려면 더 많이 생각해야 하고, 더 많은 해결책을 찾아야 한다. 그러나 그 노력은 즉시 행복을 가져다줄 것이다. 더는 중압감이나 좌절감, 무력감을 느끼지 않기 때문이다. 지하철역에 있던 두 사람처럼, 당신도 상황을 받아들이고 그 상황을 이용할 수 있도록 행동하라.

과장하지 마라

우리는 사소한 실망감을 대단한 불운으로 둔갑시키곤 한다. 예컨대 다음과 같이 일이 계획대로 되지 않을 때가 있다.

- 열차가 지연되어서 중요한 약속에 늦을 것 같다.
- 예상보다 세금을 더 많이 내게 생겼다.
- 사장이 회사를 개편하고 있고, 업무 시간과 담당 부서를 변경하고 있다.
- 벌써 할 일이 태산 같은데, 다른 업무까지 봐야 하게 생겼다.

우리는 끊임없이 계획을 변경하고 적응하고 노력해야 한다. 이미 일어난 일을 거스르려 해서는 안 된다. 그럴 때 좌절감은 세상이 두 쪽 날 것 같은 재앙으로 변모한다. 문제가 그 정도로 커지면 압박감을 느낀다.

나도 그런 적이 있다. 하루 종일 엄청난 일들을 처리했고, 고객들과 전화로 여러 건의 미팅을 진행했다. 내가 하는 코칭 일의 98퍼센트는 전화로 진행된다. 고객들은 미국, 캐나다, 아시아, 유럽 등 전 세계에 흩어져 있다. 전화요금 폭탄을 피하려면 인터넷을 이용해 고객들과 소통해야 한다. 어느 날 아침 8시 40분에 컴퓨터를 켰는데, 인터넷 접속이 원활하지 않았다. 연결이 자꾸 끊겼다. 20분 뒤에 첫 번째 전화가 올 텐데! 나는 당황해서 이렇게 중얼거렸다. "계속 이런 식이면 사업이 망할 거야. 인터넷 연결이 잘 안 되면 비용이 엄청나겠지." 나는 누가 봐도 과장된 표현을 쓰고 있었다.

이렇게 과장하는 습성은 우리 모두에게 영향을 미치고, 유난히 큰 영향을 받는 사람들도 있다. 우리는 자주 "그 사람들은 멍청이야" "다 무능력자들이야" "구제불능이야" "무책임한 인간들이야"라고 말하곤 한다.

정신과의사이자 인지요법 전문가인 데이비드 D. 번즈는 이러한 뒤틀린 사고를 '쌍안경 트릭binocular trick'[7]이라 불렀다. 부정적인 사건의 규모나 중요성을 확대해서 보는 경향을 일컫는 말이다. 우리는 정말 골치 아프기는 하지만, 그렇게 엄청나거나 절망적이지 않은 일을 거대한 산으로 만들어버리곤 한다.

'쌍안경 트릭'의 메커니즘은 다른 사람과 자신을 비교하여 불평할 때도 작동된다. 예를 들어 당신이 "나는 아무것도 아니야" "나는 바보야" "사람들이 날 뭘로 보겠어" "사람들이 날 바보 취급할 거야" "전문가답지 못했어" "나는 아는 게 없어"라고 말했다고 하자. 이때 남들과 비교함으로써 비교 대상의 성공은 부각시키고, 반대로 자신은 깎아내리게 된다. 이때는 쌍안경의 반대쪽(좁아지는 쪽)을 통해 우리의 능력과 성공 혹은 경쟁자의 불완전함을 판단한다. 그것이 분간할 수도 없는 먼지처럼 작아질 때까지 축소시키는 것이다.

나 자신에 대해 불평할 때 우리는 자신을 세우는 것이 아니라 파괴한다. 스스로를 압박하고 비꼬아 말하기도 한다. 남들이 기대하는 만큼 자기 자신을 믿지 못하기 때문이다.

이 도전은 우리가 가진 능력을 감사히 여기고, 그 능력을 끌어내 스스로의 발전에 사용하라고 권유한다. 주변 사람들의 능력을 칭찬하는 것은 말할 것도 없다. 극단적으로 표현하지 마라. 우리를 파괴하고 더럽히는 것을 부각시키지 마라. 삶을 더 아름답게 만드는 건설적인 것을 더 강하게 표현하라.

쌍안경 트릭을 너무 자주 사용하다 보면 압박감을 느끼고 불평하게 된다. 목표를 이루는 데 걸림돌이 되는 것은 점점 거대해지고 오를 수 없는 산으로 변해버린다. 우리의 의지는 숨을 헐떡이며 기력을 잃고 역효과를 내고 만다.

우리는 불평을 통해 고통을 과장하면 원하는 것을 더 쉽게 얻을 수 있을 거라고 믿는다. 그래서 거침없이 불평을 쏟아낸다. 단기적으로는 불평이 타인을 조종하는 효과적인 전략이 될 수도 있다. 그러나 장기적으로는 건전하지도 효과적이지도 않다. 앞에서 살펴본 것처럼, 오히려 이 전략은 타인의 존중을 빼앗아간다. 사람들은 별것 아닌 우리의 비극에 끼어들기 싫어서 거리를 두게 될지도 모른다. 무엇보다 이 전략은 문제에 이성적이고 직접적으로 대처하지 못하게 방해할 수도 있다.

이와 관련해서, 우리 사회가 얼마나 강도 높은 자극에 중독되어 있는지 살펴보는 것도 매우 흥미롭다. 결론적으로 어떤 사건들을 강렬하게 경험하지 않으면 진짜 경험했다고 느끼지 않는 것과 같다. 알코올 중독이나 마약 중독, 혹은 온종일 극단적인 사건들을 보도하는 언론의 성향도 마찬가지이다. 이런 성향은 전반적인 문화로 자리 잡아, 과장하고 부풀리는 습성을 만들어낸다. 일어나지도 않은 일에 끊임없이 불평을 덧붙여 자신을 비극의 희생양으로 바꾸는 것이다.

이 도전이 상황을 부풀리는 당신의 성향을 인식할 수 있는 계기가 되길 바란다. 그럼으로써 당신에게 일어난 일들에 걸맞은 중요성을 부여하고, 그 일을 적절하게 받아들일 수 있기를 바란다.

 우리는 악의적인 태도를 보일 때가 많다. 불평할 때도 매우 강한 어휘와 과장된 표현을 쓴다. 그런 일이 있을 때마다 메모하라. 아마 깜짝 놀랄 것이다!

 장점과 성과, 성공을 말하는 습관을 들여라. 당신의 삶과 당신이 나누는 대화에서 그런 것들이 마땅히 차지해야 할 자리를 마련하라.

정확히 표현하라

매일, 매 순간 우리는 메신저가 된다. 우리는 언어를 사용해 우리와 주변 사람들의 삶에 영향을 미치는 메시지를 전달한다. 심리학자 올리비에 페로는 "언어는 파괴의 도구이다. 그러나 뭔가를 만드는 도구이기도 하다. 우리가 흔히 생각하는 것과 달리, 말에는 무게가 있다. 말은 현실에서 작동한다"고 했다.

불평은 어떤 메시지를 내보낼까? 정확한 메시지를 전달하고 있을까? 아니면 문제를 부풀리고 과장하고 일반화할까?

사람들과 소통할 때는 우리의 기분, 좌절감, 의구심 등을 얼마나 고려하는지 헤아려보아야 한다. 특히 우리의 '해석'이 구체적인 사실과 얼마나 거리가 있는지도 살펴봐야 한다. 누구나 (자신의 역사, 삶, 본성과 연결된) 자신만의 필터로 세상을 바라본다. 그래서 말하는 방법을 신중하게 선택해야 한다. 말이란 한번 입 밖으로 나가면 주워 담을 수도 되돌릴 수도 없기 때문이다. 불평은 대화의 성격을 바꾼다. 불평은 우리가 어떤 사건을 경험하는 방식을 바꾼다. 불평은 입 밖으로 나오는 순간, 우리의 일상에서 형태를 갖추고 실제보다 더 진짜 같다는 환상을 심어준다.

이 도전을 통해 우리는 좀 더 진정성 있게 소통할 수 있다. 도전하는 동안에는 불평할 수 없기 때문에, 세상과 나누고 싶은 것에 대해 한 발짝 물러나 객관적인 시각을 갖게 된다. 그러면 날마다 말하기 전에 먼저 심사숙고할 수 있게 된다. 말을 삼가고, 불평하면서 비꼬지 않을 수 있다. 사람들이 하는 불평에 대해서도 한 걸음 물러날 수 있다. 그 불평들은 진실이 아니라 변질된 사실을 말한다는 것을 기억하자.

따라서 자신에게 하는 말이나 남들이 하는 말을 의심하고, 객관적으로 바라볼 줄 알아야 한다. 말이란 그 말을 하는 사람에게만 속한 것이다. 그러므로 모든 것을 '말 그대로' 받아들일 필요는 없다. 행동뿐 아니라 말도 그 말을 한 사람이 책임져야 하는 것이다. 이렇게 하면 불평하면서 좌절감을 키우는 일을 피할 수 있다.

오해를 해소하라

우리는 대부분의 시간을 '추측'으로 흘려보낸다. 친구를 저녁 식사에 초대했는데 대답이 없다. 왜일까? 문득 친구가 당신에게 화가 났을 거란 생각이 든다. 사무실 앞에서 동료를 만났는데 인사도 없이 당신을 지나쳤다. 왜일까? 분명 당신을 무시한 거라고 생각한다. 이렇게 어떤 사실을 실제로 확인해보지도 않고, 최악의 경우를 가정한다.

가장 심각한 문제는, 근거 없는 가정이 우리의 태도를 바꾼다는 점이다. 우리는 스스로 스트레스와 걱정을 만들어낸다. 곧장 친구에게 전화를 걸어볼 생각은 않고, 점점 거리를 둔다. 나중에 동료가 인사를 해도 안 받아줄 거라고 다짐한다. 하나의 추측에 불과했던 것은 차츰 사실이 된다! 아니면 우리의 추측을 바꾸기 위해 행동을 취해서 동료가 다시 나를 좋아하게끔 강요할 것이다. 여하튼 이런 단순한 억측 때문에 모든 것이 뒤틀려버린다.

이렇게 불평은 어쩌면 존재하지도 않았을 오해 때문에 생겨난다. 그러니 판단하고 불평하기 전에 먼저 문제를 명확히 파악하자.

간단히 상황을 파악하고, 의심스런 점을 솔직히 표현하고, 질문을 하자. 상대방에게 화가 났는지 물어보자. 갈등을 피하지 말고, 상대방이 하는 말을 들어보자. 성급하게 결론짓지 말고, 속사정도 모른 채 불평하는 일은 없도록 하자.

요구사항과 실망감을 구분해서 표현하라

아리스토텔레스는 《니코마코스 윤리학》에서 이렇게 말했다. "누구나 화를 내기는 쉽다. 그러나 적절한 사람에게, 적절한 정도로, 적절한 이유로, 적절한 방법으로 화를 내는 것은 누구나 할 수 있는 일이 아니다. 그러기는 쉽지 않다."

불평하지 않으려면 실망감과 요구사항을 적절하게 표현할 수 있어야 한다. 실질적으로 '효과가 있는' 표현을 찾는 게 가장 중요하다. 남들이 내 말을 듣고 이해할 수 있게 해주는 표현 말이다.

우리는 욕구가 충족되지 않기 때문에 불평한다. 좋은 쪽을 볼 수도 있고, 관점을 바꿀 수도 있고, 삶을 긍정적으로 볼 수 있는 상황에서도 불평한다. 그러나 중요한 건 우리의 욕구를 표현하고, 소통을 통해 변화를 이끌어내는 것이다. 남들을 이해시키는 방법을 찾고 내 욕구를 충족시키는 것은 의무이기도 하다.

이 도전을 할 때 정말 많은 사람이 불평도 쓸모가 있다고 나를 설득하려 했다! 나도 그들의 의견에 공감한다고 답했다. 불평도 쓸모는 있다. 나도 그렇게 생각한다. 불평은 다음과 같은 욕구를 충족시켜주기 때문이다.

- 내 말을 들어주길 바라는 욕구
- 좌절감을 표현하려는 욕구
- 동정을 바라는 욕구
- 스트레스를 풀려는 욕구

이 도전이 제기하는 진짜 질문은 이것이다. "불평이 진정 우리의 욕구를 충족시키는가? 그것이 효과가 있는가?"

> **셀린**
>
> "나는 불편한 마음을 잘 표현하지 못해요. 남들에게 내 울타리를 존중해달라는 말도 잘 못 하죠. 내가 할 수 있는 거라곤 인상을 쓰며 불평하는 거예요. 나는 불평이 일상인 아빠를 보며 자라왔어요. 그래서 나에게 불평은 힘의 상징이나 다름없어요(사실은 정반대일 텐데). 믿음은 잘 변하지 않죠. 이런 사실들을 깨닫고 나서 나는 힘차게 전진할 수 있었어요."

욕구를 충족시킬 더 효과적인 다른 방법은 없을까?

제3자에게 요청하지 않고 충족시킬 수 있는 욕구를 구분해보는 것도 굉장히 흥미로울 것이다. 예를 들면 평소보다 일찍 자야 해서 쉬고 싶다는 욕구처럼, 우리의 의사에 좌우되는 욕구가 이에 해당한다. 이때 불평은 별로 소용이 없다. 더 일찍 잠자리에 들고 싶으면 밤에 영화를 안 보면 그만이다. 문제에 대한 답은 전적으로 우리의 선택에 달려 있다. 반면 다른 사람의 협조가 필요한 욕구도 있다. 내 욕구가 무시되지 않기를 바란다면 그것을 잘 전달해서 남들이 나를 도울 수 있게 '설득해야' 한다.

집안일에 도움이 필요했을 때 나는 이런 사실을 확실히 깨달았다. 집안일에 별 흥미가 없는 내가 세 아이와 함께 살아가려면 최소한의 질서가 필요하다. 나는 쫓아다니며 치우는 데는 소질이 없고, 등을 돌려버리면 잊어버리는 사람이기 때문이다. 불평도 해봤지만 별 소득이 없었고, 직접 치워보려고 해봤지만 그마저도 신통치 않았다(나는 베테랑 주부가 아니다!). 이 난리통을 무시해보려고 했지만 이번엔 마음이 편치 않았다. 내가 원하는 바를 표현해서, 이해받고 지지받을 방법을 찾는 것이 급선무였다.

그러다 마셜 B. 로젠버그Marshall B. Rosenberg의 '비폭력 대화법'이라는 도구가 눈에 들어왔다. 나는 비난이나 판단 없이 나에게 일어난 일을 명확히 전달하기 시작했다. 예를 들어 어느 날 거실에 들어서니, 아이들이 종이접기를 하고 나서 치우지 않은 종잇조각들이 여기저기 널려 있었다. 그날 아침 거실 청소를 한 터라, 불평하고 싶은 마음이 굴뚝같았다.

심리학자인 마셜 B. 로젠버그는《비폭력 대화: 일상에서 쓰는 평화의 언어, 삶의 언어》(1999)에서 이렇게 설명한다. 폭력 없이 대화하고 이해받기를 원한다면 다음의 네 가지 단계를 따라야 한다.

- **내 행복에 보탬이 되는 상황과, 보탬이 안 되는 상황을 묘사하라.**
  "종이접기를 하고 난 종잇조각들이 거실 여기저기에 널려 있는 것

을 보았다." 나 자신과 내가 본 것과 겪은 것에 대해 묘사하고 말하는 것이란 사실을 기억하라. 나는 다른 사람에 대해 말하거나 판단하지 않는다. "네가 바닥을 어질러놓아서…"라는 식으로 말하지 않는다.

- 이 상황을 내가 어떻게 느끼는지 표현하라. "오늘 아침 거실을 청소했기 때문에 나는 정말 기운이 빠진다." 다시 한 번 말하지만, '너는'이 아니라 '나는'이라고 말했다. 그리고 모든 형태의 판단을 자제했다. 나는 이렇게 말하지 않았다. "난 네가 날 조롱한다고 생각해." 혹은 "넌 항상 어질러놓지. 한 번도 네 물건을 치운 적이 없어."

- 내 감정에서 비롯된 욕구를 표현하라. "나는 최소한의 질서가 필요해. 그래야 내 할 일을 제대로 할 수 있고, 행복하다고 느껴. 가족들에게도 너그럽게 대할 수 있고."

- 내 행복에 보탬이 될 수 있는 것을 (강요하지 말고) 분명하게 표현하라. 긍정적인 표현을 골라, 지금 당장 계획할 수 있는 구체적인 행동을 명시하라(가장 중요한 이 단계를 지나치는 경우가 많다). "저녁식사 전에 거실을 청소해줄 수 있겠니?" 원하는 그 순간에 말하면 성공 가능성도 훨씬 커진다. 그러면 상대방은 당신이 기대하는 바를 머릿속으로 분명하게 그리기가 더 쉽다.

마지막으로 '타협'이라는 단계를 덧붙이고 싶다. 나는 명령하는 것이 아니기 때문에, 상대방에겐 전적으로 '아니오'라고 대답할 권리가 있다. 따라서 합의점을 찾을 수 있는 과정이 따라야 한다.

내가 합의점을 찾아야 한다고 말할 때, 이제 내 주변 사람들은 내가 원하는 바가 무엇인지 잘 이해한다. 그들은 내 확고한 생각과 그들에게 부여한 책임을 잘 파악해서 내 요구에 따라준다. 나는 그들에게 이렇게 말한다. "난 내 요구사항을 포기할 생각이 없으니, 해결책을 찾아야 해." 그리고 동시에 이렇게 덧붙인다. "하지만 강요할 생각은 없어. 그러니 창의적으로 합의점을 찾아보자." 처음에는 내가 요구한 것을 거부하지만, 자신이 할 수 있는 다른 방법을 제안하기도 한다. 예를 들면 "엄마, 엄마가 바닥을 쓸면 난 테이블을 치울게요"라고 말이다.

보다시피 이 방법은 우리 자신의 좌절감을 객관적으로 보기를 요구한다. 우리는 더 이상 힘겨루기를 하거나 난폭하게 반응하지 않는다. 이때 불평하지 않으려면 자신의 욕구와 감정을 스스로가 잘 파악하고 있어야 한다. "솔직히 왜 불평하고 싶은가? 무엇이 나를 화나게 하는가?"라고 자신에게 말할 수 있어야 한다. 특히 타협이 필요할 수도 있다는 사실을 인정한 상태에서 요구해야 한다는 것을 명심하기 바란다.

이 단계들을 실천하고 나면, 불평하던 것에 대해 거의 불평하지 않게 될 것이다. 당신 앞에 놓인 상황 때문에 짜증이 나는 경우는 사실 거의 드물다는 것도 깨달을 것이다. 실제로 화가 난 건 바닥에 널려 있는 종잇조각들 때문이 아니다. 종잇조각들은 그냥 내가 치울 수도 있고, 아니면 그냥 내버려둘 수도 있다. 실망감을 무시해버리거나, 긍정적으로 생각하려고 억지로 노력할 수도 있다.

그러나 이런 행동은 정말로 나를 화나게 한 것, 더 근본적인 것을 무시하는 처사이다. 그것은 바로 식구들이 분담해서 집안 청소를 하지 않는 데 대한 서운함, 정돈된 집에서 편안함을 느끼고 싶은 마음이다. 이 근본적인 욕구가 충족되지 않는다면, 21일 동안 불평하지 않을 가능성은 희박하다!

누구나 안전과 존중, 질서와 격려, 휴식과 자유, 온전함과 배려, 소속감 등에 대한 욕구가 있다. 이런 욕구가 충족되지 않으면 여러 가지 감정들에 휘둘린다. 도전을 하면서 당신의 감정을 깊숙이 들여다보고, 어떤 필요가 충족되지 않는지 살펴보기 바란다. 당신을 불평하게 하는 상황은, 채워지지 않은 욕구를 드러낼 뿐이다. 그러니 이 기회를 잘 포착해 마음속 깊은 곳의 욕구를 헤아리고, 그 욕구에 효과적으로 대처하기 바란다.

마셜 B. 로젠버그가 우리에게 가르쳐준 가장 중요한 것은, 감정이란 좋은 것도 나쁜 것도 아니란 사실이다. 감정은 그저 감정일 뿐이다! 혐오감과 압박감을 느끼고, 기겁하고, 속상하고, 풀이 죽고, 당황하고, 박탈감을 느끼고, 격분하는 감정을 느낀다고 해서 부끄러워할 필요는 없다. 당신의 좌절감에 적절한 명칭을 붙이는 것은 반드시 해야 할 중요한 일이다(320쪽 부록의 감정과 욕구를 세분화한 목록을 참조하기 바란다. 이 목록은 당신의 좌절감과 욕구를 건설적으로 묘사할 단어를 찾는 데 도움을 줄 것이다). 이 도전에서 중요한 것은 좌절감에 어떻게 대처하는가이다. 우리는 불평하거나 비난하거나, 다른 사람에게 강요를 시도할 수 있다. 아니면 욕구를 다스리고, 그 욕구를 남들에게 침착하게 알리고, 모두를 존중하는 분위기에서 문제를 해결할 수도 있다. 불평은 우리의 욕구를 채워줄 수도, 좌절감을 없애줄 수도 없다. 불평은 오히려 좌절감을 더 키울 뿐이다!

　도전할 생각은 있지만 여전히 망설이고 있다면, 다음 질문을 해보라.

- 오늘 당신의 자녀, 배우자, 부모, 형제자매, 친구, 동료 등 주변 사람들과 어떤 메시지를 주고받았는가? 언제까지 이런 극적인 상황이나 갈등, 오해에 둘러싸여 살아갈 생각인가?
- 언제까지 스스로에게 불평을 계속할 생각인가?
- 당신이 만들어가는 이 삶에 만족하는가? 당신은 날마다 행복한가 아니면 고통스러워하며 불평하는가?
- 어제, 혹은 지난주를 한번 떠올려보라. 불평이 당신의 삶을 차지하고 있다는 사실이 만족스러운가?

삶에서 당신이 하는 말과 주변 사람들이 하는 말이 어떤 힘을 갖는지 생각해보라. 아마도 예전이었다면 그런 것을 의식하지 못했다고 핑계를 댈 수도 있을 것이다. 하지만 이제 당신은 알고 있다. 이제는 당신이 얼마나 불평하는지 알고 있으며, 결정은 당신 손에 달려 있다. 선택은 당신이 하는 것이다.

불평을 감사와 축하로 바꿔라

1장에서 말한 것처럼 나는 하루하루 좀 더 기쁘게 살고 싶은 마음에서 불평을 그만두는 도전을 시작했다. 하루의 모든 소소한 순간들을 음미하는 시간은 소중하고 달콤하다. 불평이 이 모든 것을 망치게 만들지 마라. 나는 가장 먼저 이런 순간을 놓치지 않겠다고 결심했다.

다음에 소개하는 글은 에크하르트 톨레의 《삶으로 다시 떠오르기》(2005)의 한 부분이다. 도전하는 동안 나는 이 책에서 많은 영감을 받았다.

"이제 어떻게 평화를 찾을 것인가? 지금 이 순간과 화해함으로써. 지금 이 순간은 삶이 노니는 놀이터이다. 삶은 그 어떤 다른 곳에서는 놀 수 없다. […] 처세술의 비밀, 성공과 행복의 비밀은 세 마디로 요약할 수 있다. '삶과 하나가 되어라.'

삶과 하나가 된다는 것은, 지금 이 순간과 하나가 된다는 것이다. 지금 이 순간 당신은 깨달았을 것이다. 당신의 삶을 사는 것은 당신이 아니라, 당신 안에 살고 있는 삶이란 것을. 삶은 춤추는 자이고, 당신은 춤이다."

우리의 뇌는 환상적인 기관이다. 뇌는 어마어마한 정보를 흡수하고 처리한다. 그러나 알다시피, 뇌가 어떤 일을 하고 무엇을 저장하는지 우리가 늘 '인식하는' 것은 아니다.

사실 인식을 결정짓는 것은 우리의 관심이다. 관심은, 말하자면 레이더를 켜는 것과 약간 비슷하다. 레이더는 어떤 정보들을 포착해 의식 앞에 갖다 놓는다. 이 레이더가 드러내는 것이 우리의 현실이 된다. 또한 우리의 관심은, 사물들을 비추어 그 사물을 명확히 볼 수 있게 해주는 큰 램프와도 같다. 삶을 '어렵게' 만들고, 일을 지연시키고, 우리를 가로막고 제한하고 좌절시키는 모든 것에 이 램프를 비출 수 있다. 아니면 전진하는 모든 것, 삶에서 아름답고 유쾌한 모든 것을 향해 이 램프를 비출 수도 있다.

우리의 의식은 어떻게 보면 자석 역할을 한다고도 할 수 있다. '되는 일이 없다'는 레이더가 작동하면, 우리의 관심은 온통 문제들을 탐색하고 드러내는 데 쏠릴 것이다. 이 레이더는 매우 예리하고 효율적일 것이지만, 삶 속으로 너무 많은 고난을 끌어들일 위험이 있다(아마도 그런 마음가짐을 갖게 되기 때문일 것이다). 반대로 '행복'이라는 레이더가 켜지면, 행복해야 할 더 많은 이유들을 끌어들일 기회가 생길 것이다.

하루하루 매 순간 어떤 레이더를 켜서 인식하느냐에 따라 경험도 달라진다. 이 레이더가 무엇을 포착하느냐에 따라, 행복한 하루를 보낼 수도 있고 끔찍한 하루를 보낼 수도 있기 때문이다.

마르셀 오클레르는 《어떻게 하면 행복한가》에서 이렇게 말했다. "지금부터 자기 자신의 가장 친한 친구가 되어라. 남을 헐뜯으려 할 때, 분노라는 감정이 당신을 뚫고 들어오려 할 때 이렇게 생각하라. '이런 생각의 효과가 나에게 되돌아와 내 삶에 나타나기를 바라는가?' 그 자리에서 즉시 판단하라. 그와 반대되는 밝은 생각으로 바꿔라."

불평을 하자면 그 이유는 한도 끝도 없이 생겨난다. 나는 스스로 그런 상황을 만들고 있었다! 이것이 내가 도전을 시작하게 된 이유였다.

도전 중이던 어느 날 아침, 어떤 레이더를 켤지 결정해야만 했다. 그날 아침 나는 쓰레기 내놓는 것을 잊었다. 집 앞에 쓰레기 수거 트럭이 지나가는 소리가 들리자, 맨발에 잠옷 바람으로 뛰쳐나갔다. 하지만 서두르다 넘어졌고 쓰레기통을 엎어뜨리고 말았다. 순간 '갈림길'에 있음을 직감했고, 이제는 어느 길로 갈지 선택할 수 있었다. '평소' 같았으면 사정없이 불평을 터뜨렸을 것이다. 하지만 잘못된 길로 들어서서 하루를 시작하고 싶지 않았다. 이 '사건'은 재수 없는(혹은 망해버린) 하루를 알리는 징조가 될 수도 있었다. 그러나 아침의 기쁨을 빼앗기지 않는 쪽을 택할 수도 있었다.

윌 보웬will Bowen은 《불평 없이 살아보기: 삶의 기적을 이루는 21일간의 도전》(2007)에서, 우리가 이런 말을 자주 한다고 했다. "진짜!" "항상 그렇지 뭐!" "운도 지지리 없다니까!" 실제로 나 역시 이 도전을 하기 전에는 불평 레이더가 수시로 켜졌고, 이런 말을 자주 했다. "그래서 뭐?" "분명히 도와달라고 했는데, 아무도 도와주러 안 오네." "그럴 줄 알았어. 내가 누누이 말했지. 이제 분명한 건, 문제를 해결할 사람은 나란 사실이야."

불평 없이 연속 21일을 보내면서 마침내 조금씩 긍정적인 레이더를 켤 수 있었고, 도전이 끝난 뒤에는 이렇게 말했다. "난 운이 좋아. 아이들은 여전히 내 관심을 바라고 있어. 아이들한테 좋은 길잡이가 되어야 해. 나는 아이들을 잘 돌보고 있어. 계속 그렇게 할 수 있도록 최선을 다할 거야!" "진짜 할 일이 많네. 활동적으로 살려고 이런 일들을 하는 거야. 그러니 당연한 거야!" "오늘 저녁엔 다 같이 즐거운 시간을 보낼 거야!" "이번 주에는 운동할 시간을 낼 수 있을 거야!"

고된 일이나 걸림돌, 방해물을 탐지하는 레이더를 끈다면 어떨까? 반대로 아름답고 좋은 것, 선하고 가능한 것을 비추는 레이더를 켠다면 어떨까? 기쁨과 감사의 레이더 말이다!

▶ **챌린지 25 : 행복의 레이더를 켜다**(204쪽)

마르셀 오클레르는 말했다. "한 가지 본질적인 법칙이 있다. 생각이 창조하고, 말이 창조한다."

모든 상황에서 감사하는 습관을 들이는 것과, 동시에 불평을 없애기로 결심하는 것은 정확히 일치한다. 삶에서 한 가지 습관을 없애고 싶으면, 다른 좋은 습관으로 대체해야 한다. 우리의 의식은 빈 공간을 싫어한다. 그저 불평을 없애는 데 그친다면, 이 빈 공간은 다시 나쁜 습관으로 채워질 수 있다. 그러니 불평이 있던 자리를 감사로 채우자!

감사의 레이더를 켜는 습관을 들이기 위해, 나는 가족과 함께하는 의식을 만들기로 했다. 매일 저녁 식탁에 모여 그날 하루 겪은 즐거운 일들에 감사하는 시간을 갖는 것이다. 아이들은 놀이 시간에 감사했고, 특히 마음이 통하는 친구가 있다는 기쁨을 감사하게 여겼다. 남편과 나는 유익한 미팅이나 사업상의 진척에서 오는 기쁨, 동료가 들려준 농담 한마디, 유쾌한 삶, 새 계약을 체결한 일과 그 과정에서 내가 보탬이 되었다는 만족감에 감사를 표했다.

몇 년간 이 의식을 계속하다 보니, 이제는 완전히 자리를 잡았다. 그렇다고 모두가 이 의식에 참여할 의무는 없다(처음에는 뭔가에 감사한다는 게 이상하고 어색하게 느껴질 수 있다!). 결론적으로, 나는 이제 남편을 포함해 모두가 이 의식을 기쁘게 생각한다고 믿는다. 우리 예쁜 막내가 특히 이 의식을 아주 좋아한다. 혹시 잊기라도 하면, "엄마, 엄마, 나 축하할 일이 있어!"라며 일깨워준다.

불평을 그만두고 감사하는 마음을 갖기. 이것은 삶이 아름답고, 그 삶이 우리 앞에 있음을 믿겠다는 것이다. 아인슈타인은 어느 날 이렇게 물었다. "삶은 우리의 친구인가?" 이것은 우리 자신에게 할 수 있는 가장 중요한 질문이다. 그렇다. 삶은 고역과 전쟁, 잔인한 범죄로 가득 차 있다. 미디어는 레이더를 켜 경고음을 울리며, 삶의 위험과 공포를 보여준다. 그러나 부처, 간디, 테레사 수녀처럼 시대를 가로지르는 현자들은 희망과 평화, 삶의 아름다움에 관한 메시지를 전한다.

미디어와 현자들의 지혜 둘 중 하나를 선택하라면, 나는 현자들의 지혜를 택하겠다. 그들의 메시지는 내가 가진 가장 좋은 것을 밖으로 끌어내며, 삶을 거스르지 말라고 인도하기 때문이다. 그들은 내가 바꿀 수 없는 과거를 판단하지 말고, 미래에 기여할 수 있도록 최선을 다하라고 권유한다. 그들의 메시지는 희망과 용서, 자비를 전하므로 나는 그들을 믿고 싶다.

오늘 아침 일어나면서부터 감사하게 생각한 모든 일들을 말하고, 표현하고, 공유하라. 단순히 긍정적인 생각을 덧붙이는

데 그치지 마라. 불평이 빠져나간 빈자리를, 감사와 기쁨의 대화로 채워라.

Tip 레이더의 이미지를 활용하면 도전에 도움이 될 것이다. 자신도 모르게 불평 레이더가 작동한다는 느낌이 드는가. 그렇다면 심호흡을 하고, 이마를 눌러 기쁨의 레이더를 켜는 동작을 하라. 두 눈 사이에 있는 세 번째 눈이 있는 자리 말이다(세 번째 눈은 동양의 신비주의적 메타포인데, 자의식에 해당하는 시선을 지칭한다. 일반적으로 양 눈썹 사이, 이마 위에 상징적으로 존재한다). 이 행위로 당신 안에 있는 지혜에 접근할 수 있다. 당신의 지혜는 '선禪' 속에 머물며 삶을 즐기기를 바란다.

Tip 빈 공간을 채워라 : 불평을 없애고, 그 자리를 감사로 채워라! 당신에겐 희망과 계획이 있고 그것을 실현하고픈 열망이 있으며, 삶은 아름다운 것이다. 불평 섞인 대화를 희망과 계획, 감사와 열망으로 바꿔라. 가족이나 동료, 친구들에게 감사의 말을 전하라. 이들이 우리가 기대한 일을 하지 않았을 때 얼마나 손가락질했는가. 이제는 이들이 보탬이 되는 일을 했을 때 감사하라. 가정에 감사 의식을 마련하라.

직장에서는 회의를 시작하기 전에 5~10분 정도 이야기를 나누어라. 회의 참석자들에게 이 자리에 있어줘서 감사하다고 말하라. 그들이 진행 중인 프로젝트에 기여한 바를 강조하라. 모두가 의욕이 넘쳐 다른 일들도 개선할 수 있을 것이다. 집중이 필요했던 업무들도 진척할 수 있을 것이다.

기억하기　불평하기는 불평하지 않기보다 쉽다는 사실에 굴복하지 말자. 불평하지 않으려면 에너지가 더 많이 든다. 그러나 우리를 더럽히는 불평에서 해방될 때, 그 에너지는 열 배로 회복될 것이다. 우리의 불평으로 사람들이 멀어지지 않도록 주의하자. 불평의 볼륨을 낮출 수 있다면 새로운 대화가 가능할 것이다. 그 달콤한 대화를 음미해보자.

상황을 확대시키고 우리를 축소시키는 쌍안경으로 삶을 보지 말자. 악의적인 태도를 갖지 않게 유의하자. 정확한 말을 사용하고, 사실의 진위와 주관적인 좌절감을 구분하자.

오해를 해소하자. 억측에 근거한 불평을 피하고 과감하게 소통하자. 마셜 B. 로젠버그의 비폭력 대화법을 활용해보자. 즉 판단을 배제하고 상황을 묘사하자. 우리가 어떻게 느끼는지 표현하자. 좌절감에서 비롯된 요구는 아닌지 명확히 구분하자. 항상 타협하는 자세로 합의점을 찾고, 요구사항을 구체적으로 표현하자. 불평이 사라진 빈자리를 감사로 채우자.

5장

삶을
주도하라

도전에 성공하려면 먼저 오늘 시작할 수 있는 일을 내일로 미루는 습관을 버려야 한다. 당신은 지금 이 프로그램을 잘 수행하고 있다. 아직 이 책을 읽고 있다면, 이 책의 메시지가 당신에게 효과가 있다는 뜻이다.

내일로 미루지 마라

마음 한구석에서는 아마도 도전을 시작하고 싶은 열망이 도사리고 있을 것이다. 반면 도전을 내일로 미루고픈 마음도 분명히 있을 것이다. 내심 '준비'가 될 때까지 기다리고 싶은 것이다.

어떤 일을 시작하려고만 하면 늘 먼저 '해결해야' 할 문제가 발목을 잡는다. 아마 당신은 "…할 때(…하면) 불평을 그만두어야지"라고 말할 것이다.

- **취업을 하면**
- **몸이 덜 피곤할 때**
- **이사를 마치고 나서**
- **애인이 생기면**
- **새 직장을 구해서 더 이상 그 상사 얼굴을 안 봐도 될 때**
- **돈 문제가 해결되면**
- **파업이 끝나면**

대부분의 사람들이 나중에, 어떤 일이 생기거나 뭔가가 바뀌면 삶이 더 나아지고 더 평온해질 거라고 믿는다. 그러고 나면 불평을 그만둘 수 있을 거라 생각한다.

우리 주변에 넘쳐나는 토막 광고나 홍보 마케팅은 소비자를 공략하느라 혈안이 되어 있다. 대중교통이나 도로의 광고판, TV, 라디오 등 어디에나 이런 선전이 존재한다. 이들은 새 제품을 소유하면, 새로운 서비스를 받으면 더 나은 삶을 살게 될 거라고 속삭인다. 새 차는 행복의 열쇠이며, 이 차를 소유하면 주목받고 인정받을 수 있다. 이 립스틱을 바르면 자부심이 커질 것이고, 더 가치 있는 사람이 될 것이다. 이 건강 보조식품을 먹으면 몸이 더 건강해지고 에너지가 솟아난다고 느낄 것이다.

누구나 때로는 삶이 비어 있다고 느낀다. 마케팅의 제왕들은 새로운 물건들로 공허함을 채우면 더 행복질 수 있다는 믿음을 심어준다. 결국 우리는 행복하고 평온한 삶을 끊임없이 어떤 '조건' 아래 두게 된다. 모든 것이 완벽해지길 기다리며, 내일로 그다음 날로 삶을 누릴 시간을 미루는 것이다.

하버드대학교 심리학과 교수인 대니얼 토드 길버트는《행복에 걸려 비틀거리다》에서, 우리가 미래를 상상할 때 얼마나 그릇된 생각을 하게 되는지 설명한다. 행복을 꿈꾸는 미래에 대해서는 이런 현상이 더 심해진다. 저자는 독자를 속임수의 세계, 합리화의 세계, 정신착란의 세계로 데려가, 우리가 원하는 것을 손에 넣고 싶은 마음을 얼마나 과대평가하는지 보여준다. 그것은 천국 같은 섬으로 떠나는 바캉스이거나, 그토록 기대했던 승진일 수 있다. 하지만 손꼽아 기다린 것은 매번 생각했던 것보다 훨씬 보잘것없는 행복을 가져다준다. 심리학, 인지과학, 신경과학에 바탕을 둔 저자의 연구는, 미래를 상상할 때 그 상상이 착시를 일으킨다고 설명한다. 우리는 미래를 전혀 통제할 수 없기에, 정신은 그저 꿈을 꾸고 있다는 것이다.

불평을 그만두는 도전은 있는 그대로의 삶이 베푸는 나날을 만끽하지 못하게 막는 악순환에서 빠져나오라고 손짓한다. 삶에 존재하는 고난과 불의의 사고, 좌절감 같은 악순환은 늘 다른 것을 원하게 부추기고, 영원한 불만족 상태에 빠지게 몰아붙인다. 이틀 전에는 날씨가 나쁘다고 불평하더니, 또 지금은 날이 너무 덥다며 불평한다. 이런 일이 얼마나 자주 일어나는가.

당신은 불평 없이도 다른 것을 원한다고 표현하는 데 익숙해질 수 있다. 이 도전을 통해 (모르고 지나치기 일쑤인) 그런 엄청난 능력을 발굴해낼 수 있다.

스스로를 피해자로 여기지 마라

나는 스스로를 피해자로 여기는 일이 많았다. 아이들 등하교 시간이 막판에 바뀌는 바람에 1년 내내 개인적인 일과 직장 업무가 엉망진창이 되었을 때, 호텔에서 예약을 제대로 처리해주지 않았을 때, 아이들이 한밤중에 나를 깨울 때, 공사 때문에 시내에서 길이 막혀 약속에 늦었을 때, 경제상황이 좋지 않아 살림이 어려울 때, 전산 오류로 청구서 지불이 며칠 연체되었을 때, 인터넷 접속이 불안정할 때, 상대방이 갑자기 약속을 취소해서 내 귀중한 시간을 허비했을 때 등등.

이런 순간들이 화살이 되어 나를 공격하는 것 같았다. 수시로 포기하고 싶은 생각이 들었다. "정말 거지 같은 하루였어"라고 중얼대거나, '그럼 그렇지, 이런 일은 나한테만 일어나'라거나 '에잇, 지옥이 따로 없네'라고 생각했다.

내가 불평을 그만두겠다고 결심한 이유는 불안하고 통제할 수도 없는 집안 분위기 때문이다. 초등학생에서 중학생까지 연령대도 제각각인 세 아이와 함께 힘든 시기를 헤쳐 나가기란 쉽지 않았다. 내가 어떻게 행동해도 상황은 진정되지 않았다. 모두가 나에게 의존하는 상황이 아니었음에도 식구들은 내 행동의 영향을 받았고, 한 사람이 불평하면 그것은 다른 사람에게도 '전염'되었다.

또한 직장이란 모름지기 온갖 불평꾼들이 득시글대는 소굴이다. 언젠가 나는 사소한 일에도 몹시 괴로워하는 직장 동료를 '제압하는' 데 성공했다. 나는 아침마다 습관적으로 '안녕 소피, 잘 지내?'라고 인사를 건넸다. 그러면 그녀는 기다렸다는 듯이 자기 삶이 어떻고, 남편이 저떻고, 자기는 피곤하고, 지금 마음이 어떤지 신세한탄을 늘어놓았다. 영화 〈골칫덩이들의 무도회〉를 보면 자신을 성가시게 하는 골칫덩이에겐 어떻게 지내냐는 질문 따위는 절대, 절대 하지 말라는 대사가 나온다. 이제 나는 '안녕 소피!'라고 간단히 인사를 건넨다. 그녀는 매일 아침 나에게 자신의 불쾌감을 쏟아내지 않는다.

내 행동은 상대방에게 큰 영향을 미친다. 또한 불평은 절대 문제를 해결해주지 않는다(오히려 그 반대이다). 우리는 비폭력 대화를 배움으로써 많은 문제를 해결할 수 있다. 모두가 불평을 그만두는 도전을 시작하기를 권한다. 모든 단계에서 자기 자신과 타인에 대해 배울 수 있기 때문이다. 화목한 분위기에서 함께 살아갈 때, 불쾌한 말로 남에게 상처를 주거나 죄책감을 느끼게 하지 않을 때 더 기분 좋게 살아갈 수 있기 때문이다.

다음에 소개하는 '우물에 빠진 당나귀' 이야기는 고정관념을 바꾸는 데 많은 도움을 주었다. 읽은 지는 오래되었지만, 여전히 내 삶에 구체적이고 유효한 울림을 준다.

우물에 빠진 당나귀

어느 날, 농부의 당나귀가 우물에 빠졌다. 당나귀는 몇 시간을 고통스럽게 울부짖었다. 어찌할 바를 몰라 발을 동동 구르던 농부는 늙은 당나귀를 구해 봤자 별 이득이 없다고 생각하고, 우물을 없애기로 한다. 그 길로 농부는 이웃들에게 도움을 청하러 갔다. 사람들은 삽으로 흙을 퍼서 우물을 메우기 시작했다.

처음에 당나귀는 무슨 일인지 알아차린 듯 울부짖기 시작했다. 그런데 조금 뒤, 놀랍게도 당나귀가 조용해졌다. 농부는 몇 차례

> 삽질을 하고 나서 우물 속을 들여다보고는 깜짝 놀랐다. 삽으로 흙을 떠서 우물 속에 던져 넣을 때마다 당나귀는 믿을 수 없는 행동을 했다. 몸을 흔들어 등에 떨어진 흙을 털어내고는, 바닥에 떨어진 흙 위로 올라서는 것이었다. 잠시 뒤 사람들은 당나귀가 우물 밖으로 나와 달려가는 것을 보고 까무러쳤다!

삶은 온갖 오물들 속으로 당신을 집어삼키려고 안간힘을 쓴다. 그 구덩이에서 나오는 '요령'은 흙을 털고 헤쳐 나오는 것이다. 아무리 골치 아픈 일이라도 그것을 딛고 일어선다면 앞으로 나아갈 수 있다. 불평하지 않으면 아무리 깊은 우물이라도 빠져나올 수 있다. 절대 포기하지 마라! 흙을 털어내고 거침없이 나아가라!

당나귀가 스스로를 피해자로 여기고 계속해서 울부짖기만 했다면 우물 속에 묻혀버렸을 것이다. 대신 당나귀는 자신의 상황을 받아들이고 창의적으로 생각했다. 나는 구덩이에 빠진 것 같을 때 자주 이 당나귀를 떠올린다. 어떤 일이 내 발목을 잡는 듯한 기분이 들 때, 불평하면서 그 일의 '가해자'를 지목하고 싶을 때가 있다. 그래 봤자 구덩이에서 절대 탈출할 수 없다. 불평만 하고 끝낸다면, 오히려 그 불평의 무게에 짓눌리게 될 것이다.

이제 무슨 일이 일어나도, '누군가 내게 그런 짓을 했다'고 느끼는 일을 겪어도, 판단이나 불평으로 에너지를 소모하지 않으려 한다. 그런 행동은 나를 더 비참하게 만들고, 더욱이 문제를 해결해주지도 않기 때문이다.

엉뚱한 대상을 가해자로 몰지 말자

우리는 무슨 일이 생기면 일단 '가해자'부터 찾으려 한다. 그를 얼마나 끔찍이 생각하는지 온갖 공을 들여 찾아 헤매고 지목하는 데 시간을 쏟아붓는다! 다른 범인이 있어야 나한테 잘못이 없다는 뜻이 되기 때문이다.

우리는 이렇게 말한다. "정말 그건 내 잘못이 아니야. 저 가해자들을 휘어잡을 수만 있어도… 내 삶이 이렇게 꼬이지는 않을 텐데!" 우리는 불평하고 투덜댄다. "저들이 아주 조금만 규칙을 이해하고 도와준다면, 조금만 더 책임감을 가지고 나를 존중해준다면…."

어느 날 나는 딸들과 해변에 놀러갔다. 편안하게 잡지를 읽으며, 컴퓨터와 휴대전화를 내려놓고 이 순간을 즐기고 싶었다. 그런데 내 딸들(그 순간의 가해자들)은 끊임없이 뭔가를 요구했다. "엄마 배고파요, 엄마 수영복을 못 찾겠어요, 엄마 화장실 가고 싶어요…." 딸들은 매우 예의바르게 말했지만 그래도 나는 불평하기 시작했다. 마음 한구석에서는 어서 딸들이 자기 할 일은 좀 알아서 했으면 하는 마음이 간절했던 것이다. 자기들끼리 놀고, 스스로 문제를 해결하고, 나를 좀 가만히 내버려두었으면 했다! 나는 도저히 쉴 수 없었고, 그건 '잘못'이었다. 하지만 그 또래 여자 아이들은 다 그런 법이다. 그때 비로소 깨달았다. 내가 좌절감을 느끼면서 가해자를 찾는 데 얼마나 혈안이 되어 있었는지.

좌절감은 남이 나한테 무슨 일을 저질러서 생기는 게 아니다. 그 순간의 내 현실과 맞지 않는 것을 기대하기 때문에 생긴다. 아마 그때 나는 아이들을 해변에 데리고 가서, 홀로 책 읽는 시간을 기대했던 것 같다.

나에게는 두 가지 선택사항이 있었다.

- **불평할 수 있다. 조용히 책을 읽을 수 없으니까.**
- **딸들과 함께 해변에서 수영을 하거나 모래성을 쌓거나 조개를 주우며 놀 수 있다.**

그러려면 피해자 노릇을 그만두고, 책을 읽고 싶은 마음을 단념해야 했다. 어쨌거나 방해받지 않기를 바란다는 것 자체가 너무 비현실적인 일이었다! 평화롭게 책을 읽고 싶으면 이런 욕구에 걸맞은 다른 시나리오를 썼어야 했다. 밤에 영화를 보지 말고 책을 읽는다든가, 다음 날 남편이 아이들을 봐줄 수 있을 때 동네 카페에 가서 휴식을 취하는 방법 말이다.

이제 엉뚱한 대상을 가해자로 몰지 말자! 우리의 불행을 다른 사람 탓으로 돌리지 말자. 피곤한 스타일의 직장 동료들, 세금으로 빠져나가는 피 같은 돈, 제시간에 도착하지 않는 대중교통, 우리를 절망에 빠트리는 경제 상황을 탓하지 말자.

압력이 폭발하지 않게 주의하라

알베르 "'불평을 그만둔다'는 것이 어떤 사람들에겐 약함을 시인하는 것처럼 보일 수도 있을 거예요. 또 자기 의견 따위는 없는 '예스맨'처럼 비치기도 하죠. 그러나 '불평을 그만두는' 것은 '모든 것에 동의한다'는 뜻도 아니고, 다른 의견을 보류한다는 뜻도 아닙니다."

나는 불평이 정말 많은 사람이었다. 어떤 상황이 너무 오래 지속되거나 반복되면 폭발하곤 했다. 전에는 감정을 억누르고 좋은 면을 보려고 애쓰며, 남 좋은 일을 해놓고 심술부리는 마녀가 되지 않으려고 꾹 참았다. 문제는 참다 참다 마지막 순간에 불평이 폭발한다는 점이었다! 제때 열어주지 않으면 폭발해버리는 압력솥 같았다. 압력솥은 압력이 너무 세지면 견디지 못하므로 밖으로 압력을 빼주어야 한다. 속을 비우려면 불평이라도 해야 했다. 이럴 때 흔히들 '불평도 쓸모가 있다'고 말한다. 그러나 솔직히 불평은 폭발까지 가는 걸 피할 수 있을 뿐이다.

어려운 상황이 닥쳤을 때는 좌절감을 과도하게 억누르거나 자제하려 하지 말아야 한다. 좌절감이 쌓이고 쌓이면 압력솥이 터져버린다. 어떤 때는 원래의 좌절감과 아무 상관없는 상황에서도 종종 폭발한다.

어느 날 우리 막내딸이 하루 종일 자기랑 같이 있어 달라며 울어댄 적이 있었다. 나는 어쩔 수 없이 딸아이의 요구를 들어주었다. 아이에게 맞설 용기가 없었고, 안 된다고 말했을 때 상황을 어떻게 수습해야 할지도 몰랐다. 나는 입을 꾹 다물고, 딸아이가 내 귀에 소리를 지르지 않게 무슨 짓이든 해야 했다. 참고 또 참았다.

그러다 오후에 둘째 딸이 뭔가를 요구했는데, 거기서 폭발하고 말았다. "이제 그만, 그건 불가능해, 내가 모든 걸 할 수는 없어, 나는 피곤해, 네 일은 네가 알아서 해!" 내 대답은 딸아이의 요구와는 전혀 상관없는 것이었다. 그 대답은 한참 동안 억눌러온 이전의 좌절감에서 비롯된 것이었고, 엉뚱한 상황에서 느닷없이 튀어나왔다. 압력솥이 아무 상관도 없는 둘째 앞에서 폭발하고 만 것이다! 그 아이는 내가 하루 종일 참고 있던 좌절감을 건드렸다. 그날 나는 나 자신도, 내 욕구도 돌볼 겨를이 없었다. 내 한계를 지킬 수 없었고, 그래서 피해자가 된 것 같았다. 화를 내고 말았다는 사실은 더더욱 서글펐다.

이것 역시 내가 직접 겪은 일이다. 나는 며칠 전부터 잘 풀리지 않는 프로젝트를 가지고 끙끙대고 있었다. 시간이 흘러도 여전히 마무리될 기미가 보이지 않았다. 도움을 청할 수도 있었지만 어떻게 해야 할지 몰랐고, 비용도 만만치 않을 것 같았다(사실 다른 사람을 시키느니 내가 직접 하는 게 더 편했다). 나는 저녁을 거르고, 녹초가 되어 늦게 잠자리에 들었다. 피곤하고 지치기 시작했다. 더구나 이런 상황이 처음도 아니었다. 이 와중에 사람들이 뭔가 부탁을 하고 도움을 요청했다. 그렇게 큰일은 아니었다. 그냥 여기저기서 사소한 일들을 도와달라고 하는데 거절할 수 없어서 알겠다고 대답했다. 돕고 싶은 마음도 있었지만 이러지도 저러지도 못하는 상태였다.

그러던 어느 날 일과가 끝날 무렵, 컴퓨터가 말을 안 듣자 마침내 나는 폭발하고 말았다. 머리끝까지 화가 나서 불평하기 시작했다. 이 기술적인 문제는 그릇에 담긴 물을 흘러넘치게 했고, 압력솥을 날려버린 기폭제가 되었다. 압력은 며칠 전부터 존재했고 서서히 올라갔으나, 그때그때 압력을 줄이기 위해 나는 아무것도 하지 않았다. 상황이 악화되도록 두 손 놓고 있었다.

수시로 압력을 내보내는 것은 굉장히 중요하다. 이제는 압력이 올라가는 느낌이 들면 바짝 주의를 기울인다. 나 자신을 돌보고 한계를 설정하며 내 욕구를 표현한다. 때로는 아니라고 말하고 도움을 요청한다. 상황이 악화되기 전에 압력을 낮춘다. 때로는 관점을 바꾸기도 한다.

매 시간, 매 순간이 도전의 연속이다. 그러나 이 도전은 무한한 평온의 원천이 될 것이다.

Tip

압력이 상승할 때, 귀가 달아오를 때, 배가 살살 아파올 때 몸의 소리를 듣고 멈추어라. 상황이 나빠지고 있다는 걸 몸이 말해주는 것이다. 압력을 가라앉히기 위해 어떻게 하는가? 세 가지 행동 방안을 정하고, 48시간 안에 계획을 실행하라.

일이 너무 많다면	못 한다고 말하고 도움을 요청하라.
집이 난장판이라면	식구들이 할 수 있는 일은 그들에게 맡겨라. (10살, 8살짜리 아이들과 남편은 2년 전부터 빨래를 직접 한다). 적어도 보름에 한 번은 가사 도우미를 고용할 수 있게 씀씀이를 줄여라.
몸이 피곤하다면	적어도 이틀에 한 번은 10시 전에 잠자리에 들어라.
존중받지 못한다고 느낀다면	말투를 바꿔달라고 상대에게 과감하게 요구하라.

상황을 예상하라

반드시 어떤 일이 '일어나고 나서' 좌절감을 인지할 필요는 없다. 아직 아무런 문제가 없을 때, '미리' 기대하는 바를 표현하라. 그 편이 훨씬 쉽다! 예를 들어 직장에서, 집에서, 식구들 혹은 친구들과 함께 있을 때, 어떤 상황들이 마음에 들지 않는지 알 수 있다. 그렇다면 주변 사람들에게 미리 그런 사실을 알려줘라.

가까운 사람들 사이에서

친구들이나 형제자매가 우리 집을 방문할 때가 있다. 아이들과 함께 올 경우에는 알다시피 각자 자기 할 일을 해야 한다.

남들과 함께 지내야 할 일이 생기면 나는 내가 바라는 것을 이야기하고, 나에게 편안한 방법을 설명한다. 내가 융통성을 발휘할 수 있는 부분과 확고하게 지키고 싶은 것을 이야기하면, 그들은 그대로 따라준다. 예를 들면 이런 것이다.

- "나는 아이들이 식탁에서 소리를 지르면 짜증이 나. 그러니까 자기 아이는 각자 부모가 챙기고, 아이가 떼를 쓰면 옆방으로 데려가 줄래?"
- "점심 준비는 별로 번거롭지 않아. 내가 신경 쓸까 봐 너희가 불편해

하며 점심을 차리는 것보다, 차라리 그냥 나한테 맡겨주면 좋겠어."

- "우리 집에 20명씩 몰려오는 건 불편하고 감당도 안 돼. 여유 있게 서로 얼굴 보기도 힘들잖아. 너무 시끄러우면 나는 정신을 못 차리거든. 나중에 몇 명씩 소박하게 모여서 보자."
- "조용하게 낮잠을 잘 수 있다면 정말 행복할 거야!"
- "나는 아침마다 45분씩 걷고 싶어. 아침에 우리 애들을 봐주면, 낮잠 시간 동안에는 네 아이들을 봐줄게."

이처럼 각자 원하는 것을 말하면 모든 일이 순탄하게 흘러간다. 그리고 다 같이 노력하면 된다. 예상치 못한 일이 생기거나, 욕구가 충족되지 않는 경우도 있다. 하지만 모두가 자기 생각을 들려주고, 모두가 유연하게 대처할 수 있다. 선을 넘거나 비현실적 요구를 하지 않는다.

Tip

한계를 미리 정해두어라. 상대방이 잘못을 저지르기 전이라면, 대처하기도 한결 쉬울 것이다. 자신에게 맞지 않는 시나리오를 잘 알아두었다가, 그 시나리오를 피하라.

수시로 마음 상태를 확인하라. 압력이 상승하는 걸 막으려면 아직 문제를 수습할 수 있을 때, 사소한 오해나 문제라도 곧장 말로 표현하라.

가족 모두가 자신을 표현하고, 또 모두의 이야기를 들을 수 있도록 가족회의를 열어라.

직장에서

나는 직장에서 함께 일하는 직원들에게도 같은 방법을 시도했다. 직원들 각자에게 내가 일하는 방식이나 가장 편한 방식을 미리 알려준다. 예를 들어 최근에 새로운 직원이 우리 팀에 합류했다. 나는 오해로 인한 불평을 피하기 위해, 그녀에게 내가 일하는 방식을 미리 알려주었다(내 단점까지 포함해서).

나는 이렇게 말했다. "대체로 나는 이메일을 아주 단도직입적으로 쓰는 편이에요. 두 가지 일을 동시에 하면서 메일을 굉장히 빨리 쓰는 일이 다반사여서, 보통 형식적인 문구를 쓰지 않아요. 하지만 당신이 날 믿어주고, 내가 늘 선의를 갖고 있다는 것도 알아주면 좋겠어요. 뭔가 지적할 게 있거나, 업무 내용이 마음에 들지 않으면 항상 직접 얘기할게요. 당신도 나한테 그렇게 해주길 바라고요."

나는 좌절감이 쌓이지 않도록 다른 직원들과도 같은 방식으로 소통한다. 내가 그들에게 바라는 점을 처음부터 명확히 이야기한다. 또한 어떻게 우리가 협동해서 함께 성공을 이룰 수 있을지에 대해서도 이야기한다.

이처럼 직장에서, 친구나 가족들 사이에서, 처음부터 내가 기대하는 것들을 명확하게 전달한다. 다른 사람들에게 내가 일하는 방식, 내가 원하는 것, 그들이 나에게서 기대할 수 있는 것들에 대해 미리 알려준다. 서로 말하지 않고 지나가는 것들이나 좌절감이 넘칠 정도로 쌓인 건 아닌지 수시로 확인하며 되짚어본다. 가능하면 문제가 발생하기 전에 소통한다. 부정적인 감정이 아직 너무 강하지 않을 때, 압력이 폭발하기 훨씬 전에 말이다. 그것이 보다 건강하고, 무엇보다 더 쉽게 문제를 해결할 수 있다!

불완전함을 인정하라

불평을 그만두는 도전은 스스로에게 최선을 다하라고 격려한다. 또한 우리가 완전하지 않다는 사실을 받아들이라고 한다. 도전에 실패하는 것은 정상적인 과정이며, 따라서 실패하더라도 다시 시작해야 한다. 살아가면서 실수하거나 시행착오를 겪는 것도 정상적인 일이다. 그래도 불평하지 말자. 완벽해지려고 안간힘을 쓸 때 밀려오는 압박감을 내려놓자. 자신에게 불완전한 행동을 허용하자.

모든 의무에 압박감을 느끼지 말자. '이것도 해야 하고 저것도 해야 해'라는 생각을 멈추자! 진심으로 하고 싶은 일에 다시 관심을 기울이자. 최선을 다하길 바라는 건 누구나 마찬가지이다. 중요한 것은, 진심으로 하고 싶은 일을 날마다 마음에 새기라는 것이다.

삶의 기쁨을 되찾아라

당신에게 좋은 소식이 있다. 도전에 성공할 수 있는 가장 즐거운 방법은, 삶의 기쁨을 되찾는 것이다. 가능한 한 자주 '기쁨을 느끼는 것'은 불평을 덜할 수 있는 탁월한 방법이다! 삶에 기쁨의 샘이 있다면, 일상에서 일이 잘 안 풀리더라도 그것을 강조하는 습관이 훨씬 줄어들 것이다. 신경이 날카로워지는 일도 덜할 것이다. 원인 제공을 한 누군가에게 대신 정당한 대가를 지불하게 할 것이다.

삶을 기쁘게 하는 것은 우리 자신이다. 누구나 이 사실을 알고 있다. 단지 인정하지 않을 뿐이다. 마음 한구석에서는 '기쁨을 느끼게 내버려두길' 간절히 바란다. 그러나 또 한편에서는 이런 소리가 들려온다. '아니야, 그건 좋지 않아. 그러면 안 돼.' 그리고 핑곗거리를 찾는다. 시간이 없다, 아이들을 돌봐야 한다, 일해야 한다, 대신 이런저런 일들을 해야 한다, 이 일들이 더 중요하다 등. 그러다 결국 날마다 자신을 희생한다.

철학자이자 정신분석학자인 안 뒤푸르망텔Anne Dufourmantelle은 이렇게 말했다. "기쁨을 느낀다는 것은 자기 마음의 감시를 받지 않고 순간을 만끽하는 것이다."8 때로는 의무와 책임을 잊지 말라고 압박하는 마음속의 작은 감시자를 침묵하게 해야 한다. 지금 이 순간 극히 단순하게 존재의 기쁨을 되찾을 줄 알아야 한다.

여기서 말하는 기쁨이란 분명히 육체적이고 감각적인 경험이다. 새 물건을 사거나, 새로운 뭔가를 얻었을 때 느끼는 기쁨과는 별로 관련이 없다. 그렇다고 자신에게 주는 작은 선물이나 새로운 기술을 선보이는 제품, 정말 큰 행복을 선사하는 새 옷을 포기하라는 뜻은 아니다.

이 기쁨은 특히 지금 이 순간에, 당신의 몸에, 당신이 쉽게 가질 수 있는 것들에 있다는 사실을 기억하라. 기쁨은 낮잠을 자거나 방해받지 않고 책을 읽거나, 예술작품을 감상하거나 운동을 하거나, 자연으로 나가 바깥 공기를 쐬는 시간(산책으로 모든 문제가 해결된다고 하는 사람들이 있는데, 나도 그랬으면 좋겠다), 혹은 규칙적으로 춤을 추는 시간(내가 좋아하는 기쁨의 활동이다)을 자신에게 허락하는 것이다. 일상의 기쁨을 의식적으로 선택할 수 있다. 맛, 향기, 이미지, 아름답다고 생각하는 것, 영감을 주는 것, 우리를 웃게 하고 즐겁게 하는 것 등 나열하자면 한도 끝도 없다. 한없는 기쁨을 찾는 일은 우리에게 달려 있다. 이를 통해 내 몸과 감각은 나 자신과 다시 연결된다. 이제 삶을 만끽하고 누릴 수 있는 시간을 자신에게 허용하자.

내면의 감시자를 침묵하게 하라

'기쁨에 반대하는 감시자'가 속삭이는 작은 목소리는 힘이 세다. 어느 목요일 아침, 한 고객이 약속을 취소한 참이었다. 오랜만의 자유로운 아침 시간이 낯설기만 했다. 그 순간, 해야 할 일들이 끝도 없이 떠올랐다.

당시 나는 일요일 아침마다 니아Nia 수업을 들었다. 니아는 춤, 무술, 몸에 대한 인식을 바탕으로 몸과 정신에 말을 거는 기술이다.[9] 나는 이 춤 수업을 할 때 가장 기쁘고 가장 행복했다. 매일 이 춤으로 하루를 시작할 수 있다면 얼마나 좋을까.

수업은 매주 화요일과 목요일 아침에도 있지만, 근무 시간과 겹친다. 그런데 그 목요일 아침, 마침 시간이 생긴 것이다. 춤 수업에 가고 싶은 마음과, 중요하고 급한 용무들을 처리해야 한다는 책임감 사이에서 갈팡질팡했다. 아직 결정을 내리지 못한 채, 여하튼 일어나자마자 운동복을 입었다. 한 시간 뒤 아이들을 학교에 데려다주고 나자, 또다시 결정의 순간이 왔다. 사무실 쪽으로 운전하다가 문득 이런 생각이 들었다. '뭐 하는 짓이지. 이번 주에 춤추러 갈 절호의 기회잖아. 그토록 꿈꾸어왔던 건데.' 나는 춤 교습소로 방향을 돌렸다. 그러다 다음 신호등에서 배가 살살 아파오는 것 같아 다시 사무실 쪽으로 차를 돌렸다. '아니야, 정말 그렇게 간절한 건 아니었어. 할 일이 너무 많아. 춤추러 갈 여유가 없어.' 심지어 나 대신 결정을 내려달라고 남편한테 전화까지 했다(물론 남편은 결정해주지 않았다)! 즐기고 싶은 마음이 굴뚝같았지만, 그만큼 죄책감도 컸던 것이다. 해야 할 일을 잠시 내려놓고, 단지 누리고 즐기고, 내 몸을 느끼고 싶었던 것뿐인데.

결국 '내가 원하는 일을 하자'고 생각했다. 그리고 춤추러 갔다. 그날 나는 불평하지 않았다. 백만장자가 된 것 같았다. 그 주의 하루, 아침나절에 춤추는 한 시간의 호사를 누렸기 때문이다! 춤 수업은 최고의 행복감과 큰 기쁨을 가져다주었다. 수업이 끝나자, 의욕이 충만하고 집중력이 고조되어 행복한 상태로 직장으로 돌아갔다.

당신도 가끔은 하고 싶은 일을 억누르지 말고 마음껏 하라. '내면의 감시자'를 입 다물게 하고 내려놓는 법을 배워라. 삶은 만끽하라고 있는 것이다. 어제 혹은 내일의 끝도 없는 할 일들이 우리 삶을 독차지하게 해서는 안 된다. 기쁨과 행복을 가져다주는 중요한 일들을 위한, 일상 속의 공간을 마련하라. 이 일들을 먼저 할 사람은 바로 당신이다. 수많은 임무를 완수한답시고 이런 일들을 소홀히 해서는 안 된다.

직장에서 혹은 가정에서 할 일을 충실히 하는 것도 좋지만, 너무 과하거나 너무 자질구레한 일들에 얽매이지 않는 것이 좋다. 내 마음속에 꽃병이 있다면, 그것은 '기쁨'의 조약돌로 채워져야 한다(177쪽 참조).

▶ 챌린지 13 : 큰 자갈돌을 시각화하다(182쪽)

 날마다 얼마나 의무에 사로잡혀 있는지 명확하게 파악하라. 기쁨의 순간들을 허락함으로써 균형을 되찾아라.

자신과 타인에게 기여하라

불평을 그만두는 것은, 오를 수 없는 산을 올려다보며 좌절하지 않는 것이다. 걱정을 과장하면서, 불평으로 그 걱정을 더 키우지 않는 것이다. 삶에는 멋진 일들이 가득하다는 것을 깨닫고, 그것을 만끽하기로 결정하는 것이다. 자신에게서 벗어나 우리의 삶, 다른 사람, 우리가 필요한 사람들 쪽으로 시선을 돌리는 것이다. 운명을 탓하는 소리를 멈추고, 우리의 행복과 타인의 행복에 집중하는 것이다. 남들이 우리를 행복하게 하는지, 아니면 그들이 우리의 기대에 부응하는지 알아내려 애쓰지 않는 것이다. 대신 타인과 그들의 행복에 대해, 우리가 그들을 도울 수 있는 일에 대해 생각하는 것이다. 한번 해보라. 삶이 훨씬 아름답고 훨씬 건강해질 것이다.

누구나 '살아남기' 위해 끊임없이 고군분투한다. 청구서, 집

세, 대출금, 아이들 교육비 등 이 지옥의 레이스에 꼼짝없이 갇혀 어느 순간 자신을 잊어버릴 지경이다.

불평을 그만두는 가장 좋은 방법은 자신과 타인의 삶에 기여하는 것이다. 삶은 모두에게 재능과 선물을 주었다. 행복해지는(우리와 타인의 삶을 행복하게 하는) 가장 좋은 방법은 이 재능과 선물을 사람들과 나누는 것이다. 누군가를 도울 때, 우리의 재능을 활용해 직장이나 개인의 삶에서 성공을 거둘 때, 타인이 더 나은 삶을 살 수 있게 도울 때, 불평해야 할 이유를 모조리 잊게 된다. 자신이 쓸모 있는 사람이라고 생각하게 되기 때문이다.

날마다 자신이 쓸모 있는 존재임을 확인하고 싶어 하는 사람들에게, 이 도전은 이렇게 묻는다. "오늘은 나와 다른 사람을 어떻게 도울 수 있을까?" 혹은 "오늘은 나와 다른 사람에게 어떻게 보탬이 될 수 있을까?"

우리 안에는 많은 능력이 있는데, 우리는 이것을 당연시한다. 어떤 사람은 인간관계나 장사에 능하고, 어떤 사람은 예술이나 연구에 능하며, 남을 돌보는 능력이 탁월한 사람도 있다. 이 능력은 하도 자연스럽고 능숙해서, 이런 특별한 재능이 있음을 잘 깨닫지 못한다. 사회에 중요한 일들에 참여해 재능을 발휘해야 하는 상황에서 이런 능력이 더 활짝 피어난다.

누구나 다른 사람을 행복하게 해주고 싶다는 욕망을 갖고 있다. 이 도전은 각자의 능력을 감사하게 받아들이고, 날마다 그 능력을 펼쳐 다른 사람들에게 봉사하라고 권한다. 자기 자신을 온전히 내어줄 때 불평하지 않기 때문이다. 누구나 자신만의 독특한 자질을 타고났고, 저마다 빛을 발하는 분야가 있다. 그 자질을 다른 사람과 공유할 때 무엇이든 더 잘해낼 수 있다.

많은 사람이 자신의 능력을 알지 못하며, 더욱이 활용하지도 않는다. 우리의 삶은 자신을 발견하고 그 일부를 타인과 공유하는 경이로운 기회이다. 또한 우리가 받은 능력과 자질을 인정하고, 그 능력을 마음껏 이용하는 기회이기도 하다.

그런데 능력을 공유하다 보면 분명 자신의 안락지대를 자주 벗어나야 한다. 안락지대란 우리가 위험을 무릅쓸 필요도, 진짜 자기 모습을 드러낼 필요도, 능력 이상의 것을 하려고 애쓸 필요도 없는 곳이다. 남들과 나누고 남들에게 보탬이 되고 남들을 도우려면, 그들보다 앞서가야 하고 어느 정도 자신을 벗어던져야 한다. 우리는 이런 말을 속삭이는 목소리를 잠재워야 한다. "넌 자신을 뭐라고 생각하니? 넌 남들보다 그렇게 나을 것도 없어. 네가 그런다고 해서 세상이 크게 바뀌지도 않아. 넌 더 나은 일, 더 좋은 일을 할 수 없어."

삶에 보탬이 되고 싶다는 마음에 집중할 때 불평의 이유들이 전부 사라진다. 그럴 때 불현듯 삶은 우리의 놀이터가 되기 때문이다. 우리는 날마다 남들과 어떻게 삶을 나누고 싶은지 자유롭게 선택할 수 있다. 이렇게 삶의 의무를 다할 수 있으며, 고된 삶의 피해자라는 인식에서 벗어날 수 있다.

그러려면 보다 큰 두려움을 넘어서야 한다. 바로 실패의 두려움이다(반대로 성공의 두려움도 있다). 실제로 우리는 종종 "남들이 어떻게 생각할까?"를 고민한다. 남들이 '반대하면' 어떡하나, 내 말을 따라주지 않고 멋대로 판단하면 어떡하나 염려한다.

메리앤 윌리엄슨Marianne Williamson은 《사랑으로의 귀환A Return to Love: Reflections on the Principles of A Course in Miracles》(1992)에서 이렇게 말했다. "우리의 가장 깊은 두려움은, 우리가 부족하다는 데 있지 않다. 우리의 가장 깊은 두려움은, 우리가 한계를 뛰어넘는 강력한 힘이 있다는 데 있다. 우리를 가장 두렵게 하는 것은 우리의 어둠이 아니라 우리의 빛이다. 우리는 자신에게 이렇게 묻는다. '나는 누구인가? 똑똑하고 눈부시며, 재능 있고 훌륭한 나 말이다.' 그렇지 않은 당신은 누구인가? […] 소심하고 위축되어 살아가는 것은 세상에 도움이 되지 않는다. 남들을 불안하게 하지 않으려고 스스로 위축되어 살아가는 것은 깨달음이 아니다. […] 우리가 자신을 빛나게 하면, 저절로 다른 사람도 빛나게 할 것이다."

이 글을 통해 내 삶의 많은 부분이 바뀌었다. 나는 그녀의 말이 옳다고 생각하지만, 정신적인 면에 치우쳐 있다고 생각하는 사람도 있을 것이다. 우리는 모든 것을 우리 안에 갖추고 있다. 똑똑하고 눈부시고, 재능 있고 훌륭해질 수 있는 모든 것이 있다. 자신을 그런 사람으로 만드는 것은 행복의 원천이자 불평하지 않기 위한 가장 좋은 방법이다!

앞서가는 것, 똑똑하고 뛰어난 사람이 되는 것에 대한 두려움을 버려야 한다. 자신의 천재성을 자각하고 그것을 세상과 공유하자. 자신에게 전념하여 더 높이 올라갈 수 있게 해주자. 성공하는 것에 죄책감을 느끼지 말자. "성공이란 가식적인 것"이라는 뿌리 깊은 믿음에서 벗어나자. 우리의 재능을 발휘하게 해주자. 이것이야말로 되돌려주고 나누는 가장 좋은 방법이다.

내 다른 책《일어나라! 4가지 기본 원칙Wake up! 4 principes fondamentaux》(2014)에서 나는 반쯤 잠든 상태로 살아가기를 그만두라고 말했다. 독자들에게 과감하게 자기가 진짜 원하는 사람이 되라고 제안했다.[10] 나는 내 일에 200퍼센트 헌신한다. 날마다 나 자신, 내 재능의 일부를 다른 사람들과 공유한다. 지속적으로 내 안락지대를 벗어나 멋진 성공을 거두고 있다. 1년 내내 나는 스스로에게 이런 질문을 던진다. "다른 사람들과 함께 성공하려면 무엇을 해야 할까? 더 많이 공유하고 더 잘 도우려면 어떻게 해야 할까?"

나는 몇 년 전부터는 내게 영감을 준 사람들이나 단체에 수

입의 10퍼센트를 되돌려준다. 내가 좋아하는 일을 한 단체나 깊은 감동을 준 사람들에게도 기부한다. 감명 깊게 읽은 책의 작가에게 수표를 보내기도 한다. 매주 많은 가르침을 준 고객들에게는 비용을 되돌려주는 경우도 있다. 지난달에는 메이크 어 위시Make a Wish 재단에 기부했다. 우리 아이들이 다니는 학교의 한 소녀(아프긴 하지만 무척 용감하고 대단한 의지를 지닌)가 이 재단 덕분에 자신의 소원을 이루었기 때문이다. 이 소녀는 비영리단체인 이 재단의 기금 모금에 도움을 달라는 메시지를 보냈다. 나는 그녀의 그런 행동에 감동했다. 내 수입의 일부를 나누는 것은 내게 영감을 준 이들에게 감사하는 방법이다. 내 삶에서 그들의 존재를 부각시키고, 내가 번 귀중한 돈으로 내 영감의 원천에 양분을 공급하는 방법이다!

불평을 그만두는 것은 우리의 재능과 자산을 공유함으로써, 우리가 받은 것을 다른 사람에게 내어주고, 서로 나누고, 새분배하는 것이기도 하다.

기억하기 자신을 피해자로 여겨 불평하지 마라. 우물 안 당나귀처럼 스스로 상황을 책임지고 창조적으로 생각하라.

당신의 문제에 대해서 다른 사람을 가해자로 몰아 그 사람을 탓하지 마라!

당신의 압력솥을 정기적으로 비워내라. 좌절감이 악화되어 폭발하기 전에, 가능한 빨리 그 좌절감을 처리하라.

문제가 너무 커지기 전에 사람들과 소통하고, 위기를 예측하라.

자신의 불완전함을 인정하고, 무엇보다 당신이 더 잘할 수 있는 일을 찾아라.

일상의 즐거움을 허락하라. 산더미 같은 할 일에 얽매이지 마라. 하루하루 충실하게 살아라.

최선을 다하라. 두려워 말고 과감하게 자신의 재능을 활용해 기여하라. 당신이 할 줄 아는 것, 당신의 능력, 열정, 전문성을 공개적으로 널리 공유하라. 그러면 불평할 이유들이 사라질 것이다! 수입의 일부를 재분배하라. 삶을 아름답게 만드는 마법이 펼쳐질 것이다.

이 책을 통해 알게 된 것과 일상에 적용할 수 있는 것 :

챌린지

모든 행운은 나의 것,
행복과 평온함을 맘껏 누리자

이 챌린지들을 통해 먼저 도전을 완수한 사람들이 얻은 교훈을 당신도 얻을 수 있을 것이다. 삶을 간소화하고, 일의 우선순위를 적절하게 정할 수 있다. 과거의 짐을 벗어던지고, 감사하는 마음과 공감능력을 키울 수 있다. 내려놓을 줄 알고, 판단을 유보할 수 있다. 문제를 기회로 바꾸고, 행복의 레이더를 켜고, 현재를 즐길 수 있다.

시작하기 전에, 먼저 다음에 소개하는 글을 읽어보면 큰 도움이 될 것이다.

꽃병과 자갈돌

한 선생님이 학생들에게 우선순위의 중요성에 대해 알려주려고 한 가지 실험을 했다.

선생님은 교탁 아래에서 큰 꽃병을 하나 꺼내 교탁 위에 내려놓았다. 그리고 꽃병 속에 큰 자갈돌을 조심스럽게 넣었다. 더 넣을 수 없을 만큼 꽃병이 가득 차자, 선생님은 학생들을 바라보며 물었다. "이 꽃병은 가득 찼을까요?"

모두가 대답했다. "네."

선생님은 잠시 시간을 두고 다시 물었다. "정말입니까?"

이번에는 선생님이 교탁 아래에서 작은 조약돌이 가득 담긴 우묵한 그릇을 꺼냈다. 큰 자갈돌이 든 꽃병에 작은 조약돌을 넣은 뒤 꽃병을 살살 흔들었다. 자갈돌 사이사이로 조약돌 들이 꽃병 바닥 빼곡히 채워졌다. 선생님은 또다시 물었다. "이 꽃병은 가득 찼을까요?"

그제야 학생들은 선생님의 꾀를 알아차렸다. 학생 하나가 대답했다. "아무래도 아닌 것 같아요!"

선생님이 말했다. "좋습니다!"

이제 선생님은 교탁 아래에서 모래주머니를 꺼냈다. 그리고 꽃병 속에 조심조심 모래를 부었다. 모래는 큰 자갈돌과 작은 조약돌 사이의 빈 공간을 채웠다.

선생님이 다시 물었다. "이 꽃병은 가득 찼을까요?" 이번에는 학생들이 망설임 없이 합창하듯 진지하게 대답했다. "아니오!" 선생님이 답했다. "좋습니다!"

선생님은 탁자 위에 놓인 물병을 들고 꽃병에 물을 가득 채웠다. 나이 지긋한 선생님이 물었다. "이 실험이 우리에게 보여주는 진실은 무엇일까요?"

이 수업에 대해 곰곰이 생각하던 한 대범한 학생이 답했다. "아무리 시간이 꽉 짜여 있는 것 같아도, 그럴 마음만 있다면 약속을 잡거나 어떤 일을 할 시간을 더 낼 수 있다는 뜻입니다."

선생님이 대답했다. "아닙니다. 그런 게 아니에요. 이 실험이 보여주는 진실은 이것입니다. 큰 자갈돌을 가장 먼저 꽃병 속에 넣지 않았다면, 다른 돌들을 전부 넣을 수 없었을 것입니다."

선생님이 한 말의 지혜로운 이치를 깨닫기라도 한 듯 학생들 사이에 깊은 침묵이 내려앉았다.

선생님이 학생들에게 물었다. "여러분의 삶에서 큰 자갈돌은 무엇입니까?"

나를 정말 행복하게 해주는 것들로
삶을 채운다

대부분 우리는 일상에서 겪는 사소한 좌절감 때문에 불평한다. 차가 막힌다고, 집이 지저분하다고, 시간이 없다고 불평한다. 하루 종일 급한 일들을 처리하지만, 그 '급선무'를 처리했다고 해서 항상 행복한 건 아니다. 불평을 그만두는 것은 삶의 중심에서 당신에게 정말 중요한 것을 찾는 것이다!

1단계

삶에서 당신을 진정 행복하고 평온하게 해주는 것들을 목록으로 만들어라. 이것을 당신의 '큰 자갈돌'이라 부르기로 하자(177쪽의 '꽃병과 큰 자갈돌' 이야기 참조). 큰 자갈돌이라 생각하는 것을 6~8개 정도 적어라. 이 항목들을 구분 없이 적어도 되고, 삶의 우선순위를 나타내는 중심축을 만들 수도 있다. 그것은 당신 마음이다!

예:

· **당신의 주된 역할**: 남편/아내, 아빠/엄마, 동료, 매니저, 팀장, 친구, 단체 회원 등.

· **당신이 특히 관심 있는 분야**: 일, 가족, 재정 문제, 종교, 자원봉사, 예술적 창조, 스포츠, 여가 등.

내 인생의 큰 자갈돌 :

1. _____

_____

2. _____

_____

3. _____

_____

4. _____

_____

5. _____

_____

6. _____

_____

7. _____

_____

8. _____

_____

2단계

이 큰 자갈돌들을 다시 삶의 중심에 놓고, 다음 한 주 동안 불평을 덜 하기 위해 실행할 수 있는 일을 곰곰이 생각해보자. 다음 주에 할 수 있는 세 가지 활동을 적어보자.

예: 수요일에 아이들과 스케이트 링크에 가기, 목요일 아침에 두 시간 동안 집중해서 글쓰기, 사장과 미팅 잡기, 아버지에게 편지 쓰기 등.

1.

2.

3.

Tip 블로그나 SNS에 다음 일주일 동안 당신이 할 일을 공유하라. 그런 다음 일주일 뒤에 당신이 실천한 일들을 다시 한 번 공유하라. 진정한 변화를 원한다면, 블로그 방문자나 친구 등 누군가에게 진행 과정을 설명해야만 하는 상황이 큰 도움이 될 수 있다.

큰 자갈돌을 시각화하다

당신의 큰 자갈돌이 무엇인지 확인했다면, 이제 그 자갈돌을 구체적으로 표현해보자.

1단계

무지개처럼 여러 색의 크레파스로 커다란 도화지를 색칠하라. 설마 무지개 색깔을 모를 리 없겠지만, 만약 어떻게 해야 할지 모르겠다면 주변에 있는 어린이에게 도움을 청하라. 색깔은 마음대로 골라도 되지만, 되도록 모든 색깔을 사용해 지면을 꽉 채우는 게 좋다.

2단계

방금 색칠한 부분을 검은색 크레파스로 덧칠하라. 지면 전체를 칠해야 한다.

3단계

이쑤시개나 드라이버 같은 것으로 검게 칠한 표면을 긁어서, 당신의 큰 자갈돌을 의미하는 단어를 써라. 그 단어들이 무지개 색깔로 나타날 것이다!

과거는 과거에 내버려두다

과거는 기억과 믿음을 바탕으로 형성된다. 그 과거가 현재의 행동들에 걸림돌이 될 때 강력한 적이 된다. 실제로 우리는 나쁜 기억을 곱씹으며 실패를 반복하는 습성이 있다. 그 이유는 간단하다. 중요하지도 않은 과거에 중요성을 부여하기 때문이다. 더 이상 존재하지 않는 과거를 현재 속에서 무거운 짐처럼 끌고 다닌다. 이 단계는 과거를 떨쳐버리는 데 큰 효과가 있을 것이다. 심각한 트라우마를 겪고 있다면, 과거와 관련된 고통을 다룰 수 있는 치료사의 도움이 필요할 수도 있다.

1단계

몇 주, 몇 달, 몇 년 동안 계속해서 불평하게 되는 과거의 특별한 사건이 있는지 살펴보고, 적어보라.

예: "나는 부당하게 해고당했다." "배우자가 나를 떠났다." "어떤 친구가 한 말이 전혀 고맙게 느껴지지 않았다."

_____

_____

2단계

그 일이 일어났던 상황을 정확하게 묘사하라('지난 5월, 지난 주, 3년 전'처럼 구체적으로).

_____

_____

_____

_____

_____

3단계

과거의 이 사건이 당신의 현재에 어떤 영향을 끼쳤는지 생각해보라. 평소에
그 상처를 극복하기 위해 어떻게 했는지 생각해보라. 그 사건은 현재에서는
더 이상 일어나지 않는다. 그것은 과거의 일이다(설마 당신이 오늘 해고당한 건
아니겠지?).

오늘 불쾌한 일을 겪었다면, 그 일이 어떤 방식으로 일어났는지 적어보라
(떠오르는 기억, 악몽, 당신을 제약하는 믿음, 머릿속에 맴도는 작은 목소리, 일에 대
한 두려움, 남들이 나를 사랑하는지 의심스러운 마음).

_____

_____

_____

_____

4단계

과거의 사건을 과거의 특정 날짜에 일어난 사건으로 보라. 그 사건 때문에
받은 상처는 당신이 만들어낸 이야기로 생각하라. 그 상처는 당신이 만들어
냈으므로, 없애는 것도 당신이 할 수 있다. 당신에게 일어난 일을 토대로 어
떤 이야기를 지어낼 수 있겠는가?

예: "배우자가 2년 전에 나를 떠났다. 나는 이제 사랑을 믿을 수 없게 되었고, 나 자신을 보호하는 것을 더 먼저 생각하게 된다." "나는 어릴 때 학대를 당했다. 그 말은 나 자신을 보호할 수 없고 나약하다는 뜻이다." "6개월 전에 해고당했다. 적응을 잘 못했고, 회사 분위기가 적대적이었기 때문이다."

5단계

당신에게 일어난 일은 과거에 속한 것이고, 살면서 일어나는 수많은 일들 가운데 하나일 뿐이라고 말하라. 과거의 그 이야기(일어난 사건에 대해 당신이 부여한 의미)를 내던져라. 그것은 당신에게 이롭기보다 해롭기 때문이다. 그 이야기는 당신을 제약하고, 자존감에 상처를 내며, 자신과 삶을 믿지 못하게 만든다. 그 사건을 당신의 일상, 심지어 가장 평범한 일상에서 벌어지는 다른 일들 사이에 놓아라.

예: "32살 때 배우자가 나를 버리고 떠났다. 오늘은 비가 내린다." "8살 때 나는 신체적 학대를 당했다. 오늘은 자전거를 타고 출근했다." "지난 3월에 해고당했다. 오늘 아침, 나는 검은색 진을 입었다."

6단계

이번에는 당신에게 일어난 일을 제자리에 되돌려놓을 차례다(과거에 일어난 일이니 과거로 되돌려놓는 것이다). 당신의 미래를 위해 새로운 관점을 만들어 내는 것은 당신의 몫이다. 과거의 무거운 짐을 벗어버리고 나니, 이제 어떤 일들이 가능해졌는가? 당신이 할 수 있는 일을 적어보자.

예: "사람들이 베푸는 사랑을 확실히 믿고 받아들일 수 있게 되었다." "내 몸을 사랑할 수 있고, 소중하게 생각할 수 있다." "일에서 즐거움을 찾을 수 있다."

_____

_____

_____

_____

**챌린지
015**

테스트 : 현재를 어떻게 살고 있는가?

따사로운 햇살 아래 즐기는 잠깐의 낮잠, 새들의 노랫소리(혹은 소들의 울음소리)와 저 멀리 노니는 아이들의 웃음소리를 음미하기…. 그러나 말하기 쉽지만 행하기는 어려운 법이다! 지나간 일을 두고 불평하거나, 미래를 예측하느라 현재를 흘려보내는 일이 다반사이기 때문이다.

아래의 보기 ■, ◆, ●에서 당신에게 가장 가깝다고 생각되는 것에 표시하라.

1. 누군가 막판에 약속을 취소하면, 남는 시간에 무얼 해야 할지 정말 모르겠다.

■ 그렇다

● 때때로 그렇다

◆ 그렇지 않다

2. 나 자신을 위한 시간이 충분하지 않다고 생각한다.

■ 그렇다

● 때때로 그렇다

◆ 그렇지 않다

3. '터무니없는 일(큰돈 지출, 계획에 없던 늦은 저녁식사)'을 하고 나면 나중에 후회한다.

■ 그렇다

● 때때로 그렇다

◆ 그렇지 않다

4. 갑자기 찾아오는 사람은 반갑지 않다.

■ 그렇다

● 때때로 그렇다

◆ 그렇지 않다

5. 의지와 상관없이 오랜 시간 갇혀 있게 되면(파업, 열차 고장 등) 한참 동안 투덜거린다.

■ 그렇다

● 때때로 그렇다

◆ 그렇지 않다

6. 과식, 과음, 수면 부족 등 한계를 넘었을 때 불평한다.

■ 그렇다

● 때때로 그렇다

◆ 그렇지 않다

7. 휴가 중에도 휴대전화를 손에서 놓기가 어렵다.

■ 그렇다

● 때때로 그렇다

◆ 그렇지 않다

8. 집중하기가 힘들다.

■ 그렇다

● 때때로 그렇다

◆ 그렇지 않다

9. 하고 싶은 일보다 급한 일을 먼저 한다.

■ 그렇다

● 때때로 그렇다

◆ 그렇지 않다

10. 생각이 많아 마음이 어지러울 때가 있다.

■ 그렇다

● 때때로 그렇다

◆ 그렇지 않다

11. 변덕이 심하다.

■ 그렇다

● 때때로 그렇다

◆ 그렇지 않다

12. 우리 부모님 세대보다 살기가 훨씬 편해졌다고 생각한다(일자리를 찾거나 집을 사는 일 등에서).

■ 그렇다

● 때때로 그렇다

◆ 그렇지 않다

당신의 성향은

대체로 ●가 많다 좋은 일이 생기면 즐겨야 한다는 말을 자주 한다. 당신에겐 지금 이 순간을 즐기는 일이 자연스럽다. 이 세상에 영원한 것은 없다는 사실을 알기 때문이다. 기회가 있으면 당장 붙잡는다. 사람들은 당신을 쾌활하고 엉뚱한 사람이자, 계획이 많은 사람으로 본다. 하지만 항상 원하는 대로 살 수만은 없다는 것을 당신은 완벽히 인식하고 있다. 그런 생각을 하면 정말 짜증이 난다! 당신은 쾌락주의자들처럼 행복과 안락, 기쁨을 우선시한다. 덧없는 쾌락에 너무 쉽게 굴복하지 않도록 주의하라. 미래는 아직 오지 않았으나, 파티 다음 날의 숙취에 대해서는 대가를 톡톡히 치러야 할 것이다.

대체로 ■가 많다 당신은 따사로운 햇살 아래 긴 의자에 누워 한 손에는 칵테일을 들고, 다른 손에는 흥미진진한 책을 들고 있다. 그런데도 다음 날 있을 연례회의나, 아직 치과 예약을 하지 않았다는 사실에 마음을 빼앗긴다. 당신은 시간관념을 좀 더 융통성 있게 가질 필요가 있다. 예를 들어 체중 감량을 해야겠다고 생각한 상황이다. 아마도 "난 너무 많이 먹어" "단 것을 끊을 수가 없어" "난 운동을 안 해"라고 말할 것이다. 이제 표현 방식을 바꿔보자. "최근에 너무 많이 먹었어."(과거의 일이므로, 많이 먹었다는 사실은 더 이상 존재하지 않는다) "단 것을 거부하는 방법을 몰랐어."(이 역시 이미 완료된 사실이다!) "한동안 운동을 안 했어."(그러니까 오늘 저녁부터 하면 된다)

대체로 ◆가 많다 당신에게 삶은 분명 즐거운 것이리라! 상황이 어떠하건 당신은 주어진 순간에 감사할 줄 안다. 3시간 동안 열차 안에 갇혀 있는가? 그동안 탐정소설을 마저 다 읽을 수 있을 것이다! 다음 날 힘들 걸 알면서 저녁 파티에 참석 중인가? 너무 늦게까지 있지는 않을 것이므로, 잠시만이라도 즐겁게 파티를 즐길 것이다. 지금 이 순간을 사는 것은 당신에겐 식은 죽 먹기이다. 당신은 철학자이며, 모든 일이 하루아침에 중단될 수 있음을 잘 안다. 미래에 관한 걱정들로 마음을 괴롭히는 게 헛된 일이라는 것도 잘 안다. 그럼에도 삶의 욕구가 뒷걸음치는 때가 종종 올 것이다. 그럴 때는 마음속 깊은 곳에 도사리고 있는 욕구를 표출해, 행복해질 수 있는 능력을 한껏 발휘하라.

미니 챌린지 : 용감하게 감사하라

시간을 내서 과감하게 가까운 사람들에게 편지를 써라. 편지를 받을 사람에게 당신의 고마움을 세세하게 전하라. 전에는 당연하게 여겼지만, 이제는 감사하게 받아들일 수 있게 된 것들을 편지에 써라. 편지를 다 썼으면 바로 보내도 되고, 먼저 당사자에게 소리 내어 읽어준 다음 전달할 수도 있다.

세도나® 명상법

편안하게 자리를 잡고, 방해를 받거나 주의가 산만해지지 않도록 하라. 두세 번 심호흡을 하고, 자기 자신에게 집중하라. 원한다면 눈을 감거나 차분히 글로 적어봐도 좋다.
이 훈련은 세도나® 명상법[11]을 바탕으로 한 것이다.

1단계

해결하고자 하는 문제에 주의를 집중하라. 화, 분노, 실망, 슬픔 등 어떤 감정을 느끼더라도 그 감정을 그대로 받아들여라. 꼭 강렬한 감정이 아니어도 괜찮다. 당신은 아무것도 느끼지 않거나 비어 있다고 느낄 수 있다. 무릎을 꿇거나 아무 말 없이 혹은 깊은 혼돈 속에 머물 수 있다. 이 모든 감정들을 내려놓을 수 있다. 쉽게 판별할 수 있건 없건 상관없다.

지금 이 순간에 머물러라. 문제를 떠올릴 때 느끼는 것을 자각하라. 이 과정은 매우 단순하고 저절로 이루어진다. 그러나 당신이 더 기분 좋게 느끼는 방법을 찾을 수 있는 것은 지금 이 순간뿐이다.

_____

_____

_____

2단계

"내가 이 감정을 떨쳐버릴 수 있을까?"라고 물어라. 그 감정 없이 살아가고 그것을 내려놓을 준비가 되어 있다면, 여기서 보다시피 간단하게 할 수 있다. 당신은 '예'와 '아니오'로 대답할 수 있다. 두 개의 답이 가능하지만, '아니오'라고 답했어도 감정을 떨치게 되는 일이 흔히 벌어진다. 여기서 제시하는 질문들은 대개 단순하다. 질문 그 자체는 그렇게 중요하지 않다. 그러나 더는 과거의 무게를 짊어지지 않고 쉽게 떨쳐낼 수 있도록, 상황을 자각할 수 있게 고안된 질문들이다.

_____

_____

_____

3단계

"떨쳐버리게 될까? 떨쳐버리고 싶은 마음이 있는가?"라고 물어라. 다시 한 번 말하지만, 논쟁으로 시작하지 마라. 문제가 일으키는 고통에서 벗어나기 위해, 당신 자신을 위해 결정하는 것이란 사실을 기억하라. 고통이 너무 크다면, 혹은 꽤 오래 지속된 고통이라면 몇 단계에 걸쳐 차근차근 떨쳐내야 한다. 또는 전문가의 도움을 받아야 할 수도 있다.

질문에 대한 답이 '아니오'라면, 혹은 확신할 수 없다면, 그냥 이렇게 물어라. "지금 상태의 기분이 좋은가, 아니면 자유로운 느낌이 더 좋은가?"

4단계

"언제 떨쳐내고 싶은가?"라고 물어라. 이 질문이야말로 지금 당장 떨쳐내게 해주는 초대장이다. 아마도 뭔가 떨쳐낸 것 같은 느낌이 들어 놀랄 것이다. 떨쳐내느냐 마느냐는 결정의 문제이다. 그것은 당신의 결정이며, 언제든지 떨쳐내겠다고 결정할 수 있다.

5단계

자유로워졌다고 느낄 때까지 같은 과정을 몇 번 반복하라. 이것은 실천이 필요한 훈련이다. 처음에는 변화나 결과가 잘 와닿지 않을 수도 있다. 그러나 지속적으로 반복하다 보면 점점 분명하게 드러날 것이다. 떨쳐내고 싶다는 생각을 할 때마다, 아마도 더 잘 해내고 있다는 사실을 발견하게 될 것이다. 어떤 감정이나 문제들은 몇 단계를 거쳐야 드러날 수도 있다. 그러나 '떨쳐낸' 것은 영원히 사라지고, 당신은 자유를 느끼게 될 것이다.

챌 린 지
0 1 8

무거운 짐을 불사르다

앞의 챌린지들은, 불평이 과거의 사건들과 관련된 판단, 믿음, 실망에서 생겨 난 짐에서 비롯된다는 것을 확인시켜주었다. 그 짐은 현재의 우리가 짊어지는 십자가가 된다. 이제 그 짐에서 벗어날 때이다.

상자와 종이 몇 장을 준비하라. 종이마다 짐스러운 것들을 하나하나 적어라. "엄마가 나한테 이렇게 말할 때…" "내가 실직했을 때…" "어떤 사람이 나한 테 잘못했을 때…" 등.

상자에 이 모든 짐을 가득 채운 다음, 이 종이들을 한 장 한 장 태워라. 이 종이 가 타는 걸 보면서, 지금 당신이 자유로워지고 있다고 생각하라. 이제 더는 그 짐을 짊어질 필요가 없는 것이다. 당신의 짐을 태울 수 있는 장소가 마땅치 않 다면 적당한 곳을 찾을 때까지 상자를 잘 보관하라.

불평을 비웃어주자

프랑스의 시인 보리스 비앙은 "유머는 절망의 사교술이다"라고 했다. 유머는 우울과 비관론, 불평에 대항할 수 있는 최고의 무기이다. 어린아이의 영혼을 되찾아, 당신의 보잘것없는 강박관념을 비웃어주자.

두꺼운 종이, 크레파스 혹은 사인펜을 준비하라. 종이에 왕관을 그려라(그림 실력이 사라졌다면 주변의 어린이에게 도움을 청하라!).

아래 그림을 모델로 삼을 수도 있다.

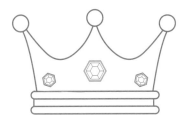

이것은 당신이 불평할 때 쓰는 왕관이다. 왕관을 머리에 쓴 뒤, 길이를 조절해서 남는 부분은 잘라내고, 화려하게 꾸며라. 진짜 왕이나 여왕처럼 꾸미고 싶으면 긴 막대기(등산용 지팡이나 우산 등)로 왕홀을 만들어라. 불평이 나올 것 같은 기미가 보이면 왕관을 쓰고 왕홀을 지녀라. 그런 뒤 고개를 쳐들고 우렁차게 불평을 터뜨리며 집 안에서 행진하라. 주변 사람들을 초대하고 소품을 써라. 소품은 누구나 써볼 수 있는 곳에 두어라. 자, 이제 즐겨라!

미니 챌린지 : 용감하게 책임져라

주변 사람과 의견 대립이 있었거나, 거리감이 있는 사람이 있다면 그에게 전화를 걸어라. 그간 있었던 일에 대해 전적으로 내 책임이라고 말하라. 이런 표현을 쓸 수 있다. "미안해." "내가 이기적으로 굴었어." "널 힘들게 했다는 거 알아." "난 우리 관계가 달라졌으면 좋겠어."

그렇게 말하고 나니 어떤 기분이 드는가?

전화위복

누구나 끊임없이 난관과 문제, 장애와 나쁜 소식, 걱정에 맞닥뜨린다. 우리는 이런 일들에 영향을 받고 둔감해지며, 짜증을 내고 불평한다. 이 과제를 통해, 삶이란 그 자체로 '완벽하다'는 것을 깨달을 것이다. 또한 문제에 부딪힐 때마다 전화위복의 계기로 삼아, 긍정적으로 해결할 수 있다는 사실도 깨달을 것이다.

1단계

당신을 정말 불평하게 만드는 구체적이고 기억에 남는 사건을 생각해보라. 5년 전의 사건이든 오늘 일어난 일이든 상관없다. 긴장을 풀고 어떤 일이 일어났는지 설명하라. 이 사건을 포함해, 불평을 불러오는 모든 것을 글로 써라. 화가 나고 충격을 받고 문제가 되었던 일들을 상세하게 적어라. 이 비극에서 당신은 피해자 역할을 맡을 것이다(챌린지 19에서 만든 왕관을 써도 좋다). '항상' '절대' '불가능한'처럼, 상황을 극적으로 만드는 단어들을 사용하라. 그리스 비극의 주인공을 연기할 수 있는 기회가 날이면 날마다 오는 게 아니다!

예: "나는 퇴물 취급을 당하며 해고되었다. 5년 동안 같은 회사에서 미친 듯이 일만 했는데. 우리 사장은 말 그대로 제정신이 아니다. 별수를 다 써도 사장은 만족하는 법이 없었다. 어느 날 출근을 했다가, 이런 식으로 난데없이 해고당했다. 어쨌거나 사장들은 다 이기주의자이다. 그들에게 중요한 건 오로지 회사의 이익뿐이다. 결론적으로 그들은 자기들을 위해 일하는 사람들에게는 신경을 안 쓴다. 어디나 다 똑같다."

2단계

이제 같은 상황을 다시 한 번 써보자. 상황에 대한 판단 없이, 이번에는 오로지 구체적인 사실만 써야 한다. 즉, 객관적이어야 한다.

예: "2007년, 5년간 몸담았던 회사에서 사장이 날 해고했다."

이제 객관적인 사실에 초점을 맞추면 상황을 바라보는 시각이 완전히 달라진다는 것을 느꼈을 것이다. 지금은 거창한 '이야기'에서 벗어나 사실을 사실로 볼 수 있다. 당신의 문제는 벌써 점점 크기가 줄어들고 있다.

3단계

이제 당신에게 일어난 일을 새로운 눈으로 보자. 당신의 '비극'에서 두 가지 긍정적인 점을 찾아라. 그것은 두 개의 기회이기도 하다. 지금 이 문제가 당신에게 영향을 준다면 대수롭게 볼 일이 아니다. 당신에겐 이 문제가 중요해도 다른 사람들에겐 그렇지 않을 수 있다. 그 이유는 간단하다. 당신에게 일어난 일 뒤에는 기회가 숨어 있고, 기회란 당신 안에서 드러나야 할 무언가이기 때문이다. 비극이 커질수록 기회도 커진다.

예: "이 일을 계기로 자기관리를 해야겠다는 생각이 들었어. 사기를 북돋우는 업무 환경도 꼭 필요하고."

첫 번째 기회:

_____

_____

_____

두 번째 기회:

_____

_____

_____

_____

미니 챌린지 : 거절을 두려워하지 마라

살아가면서 원하는 것을 과감하게 요구하지 못하는 일은 어김없이 생긴다. 우리는 누군가를 방해할까 봐, 거절당할까 봐, 평가받을까 봐 걱정한다. 차라리 그냥 좌절한 채 불평하는 게 더 낫다고 생각한다. 하지만 옛말에 '요구하지 않으면 얻는 것도 없다'고 했다.

이 미니 챌린지는 제이슨 콤리의 '거절 테라피'에 기초한 것이다. 이 치료법의 독특하면서도 유일한 규칙은 하루에 한 번 거절당하는 것이다. 콤리는 우리 사회가 거절을 부정적인 것으로 만들었다고 생각했다. 거절에 대한 두려움 때문에 우리는 원하는 관계를 맺거나 성공을 이루지 못한다. 거절은 실패의 동의어가 아니다. 거절은 용기를 내어 요구했다는 증거이다. 과감하게 두려움을 극복하고, 원하는 것을 얻기 위해 애썼다는 증거이다.

이 치료법은 공식적으로 30일 동안 도전해야 하지만, 우리는 융통성을 발휘해 5일 동안만 도전을 하기로 하자. 5일 동안 날마다 적어도 한 사람에게 거절당해야 한다. 명심하라. 이 도전은 그저 거절당하는 '시도'가 중요한 게 아니다! 이 미니 챌린지에 성공하려면 진짜로 거절당해야 한다. 그렇다면 거절당하는 목적은 무엇인가? 이 미니 챌린지의 목적은 다음과 같다.

- 뭔가를 요구했는데 상대방이 거절했다고 해서 세상이 끝난 건 아니다. 그건 그냥 하나의 사실에 불과하다.

- 거절당한 줄 알았는데, 놀랍게도 요구가 받아들여지는 상황도 있다(요구하지 않으면 얻는 것도 없다!). 설사 이런 상황이 생겨도 그날 거절당할 때까지 계속 요구해야 한다는 걸 명심하라. 도전이 너무 쉽게 끝나면 싱겁

지 않겠는가!

- 마음을 편안하게 갖고, 원하는 바를 과감하게 요구할 권한을 당신에게
  주기 위해 이 도전을 하는 것이다.

예:

- 배우자에게 침대로 커피 한 잔을 가져다 달라고 부탁하라.
- 고용주에게 해외 부서에 지원할 수 있는지 물어라.
- 친구들에게 주말 동안 아이들을 봐줄 수 있는지 부탁하라.
- 이웃에게 고양이를 봐줄 수 있는지 물어라.
- 길거리에서 아무나 붙잡고 돈 좀 달라고 해보라.
- 미용사에게, 그의 멋진 커트 실력과 웹디자이너인 자신의 재능을 바꿔볼 생각
  이 없는지 물어보라.

착한 늑대에게 먹이를 주기

챌린지
0 2 3

어떤 일이 일어났을 때 우리가 항상 책임질 수 있는 것은 아니다. 반면 어떻게
행동하고 어떤 태도를 취할지 선택할 자유는 늘 우리에게 있다. 우리는 감사만
큼 증오를, 축하만큼 적개심을, 친절만큼 불평을 키우기로 선택할 수 있다.

1단계

114쪽의 '두 마리 늑대'를 다시 한 번 읽고 명상하라.

2단계

다음 그림에서 두 마리 늑대가 서로 마주보고 있다. 왼쪽은 나쁜 늑대이고, 오른쪽은 착한 늑대이다.

어떤 늑대가 나쁜 늑대(남편에 대한 불만, 동료에 대한 험담, 친구에 대한 질투 등)에 속하고, 어떤 것이 착한 늑대(딸아이를 용서하기, 팀원과 오해 풀기, 엄마를 돌봐드리기 등)에 속하는지 적어보아라.

착한 늑대에게 먹이를 주도록 노력하고, 다른 늑대는 굶주리게 하라. 도전을 하는 동안 주저하지 말고 이 과제를 반복하라.

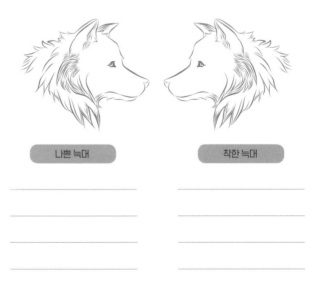

나쁜 늑대	착한 늑대

태풍의 눈에서 고요를 찾다

"태풍 속에는 저마다 갈매기가 고요히 통과할 수 있는 눈이 하나 있다." 이것은 14세기에 쓰인 작자 미상의 일본 시의 한 구절이다. 이 시는 삶이란 거친 바람이 휘몰아칠 수도 있지만, 태풍의 중심에는 거대한 평온의 기둥이 자리하고 있음을 일깨워주는 무궁무진한 지혜를 담고 있다.

당신이 현재 겪고 있거나 과거에 겪었던 '비극'의 한 상황을 떠올려보라. 당신도 태풍의 눈에서 피난처를 찾으려고 노력해보라. 숨을 몇 번 크게 들이쉬고, 냉정함이 허용되는 이 공간에 접근하라. 여기서 당신은 담담하고 고요하고 평온하게 온전한 의식 속에 머물 수 있다. 이 눈은 가장 소중한 내면의 자원이다.

물론 당신에게 일어나는 일을 항

상 선택할 수는 없지만,

평화는 늘 선택할 수

있다.

행복의 레이더를 켜다

불평할 때 우리는 불행의 레이더를 켠다. '스팸 메일' 같은 우리 사회의 쓰레기들이 삶을 침범하게 내버려두고, 삶의 아름다움에서 눈을 돌려버린다. 인간의 뇌는 무의식적으로 나쁜 소식이나 고통, 문제들을 포착하게 조절된다. 좋은 레이더와 행복의 레이더를 작동시킬 수 있다면 어떨까?

1단계

불평할 때 어떤 것들에 레이더가 고정되는지 적어보라(경제 위기, 무례함, 대중교통의 지연, 하염없이 줄 서기 등).

_____

_____

_____

_____

_____

_____

_____

_____

_____

_____

_____

2단계

불평을 그만둔다면 레이더를 어떤 쪽으로 돌리고 싶은가? 직업이 있다는

것, 친구들과 맘 편히 웃을 수 있는 것, 안정된 가정생활, 사랑스런 자녀와

배우자, 주변에서 볼 수 있는 아름다움은 어떤가?

3단계

다음번에 불평이 나올 기미가 보이면, 2단계에서 적은 것들을 떠올려보라.

얼마 뒤 당신의 뇌가 새롭게 조절되고, 행복과 감사의 레이더가 최상의 상

태로 작동하는 것을 확인하게 될 것이다!

미니 챌린지 :
순수한 기쁨의 순간을 과감하게 받아들여라

이번 주에 이틀 정도 시간을 내라(직장 일이나, 사교 모임, 가족과 관계된 일을 제외하고). 오로지 자신에게만 30분을 할애하여 과감하게 순수한 기쁨의 순간을 만들어라. 공원에 산책하러 가거나 벤치에 앉아 정오의 휴식을 즐길 수도 있다. 거실에서 음악을 틀고 춤을 추거나, 오래 목욕을 한다. 토요일 아침에 테라스에 앉아 홀로 커피를 마시는 것도 좋다. 아무 생각이나 떠오르게 내버려둬라. 비유적으로든 실제로든 꿈을 꾸거나 빈둥거려라.

이 귀중한 순간의 희열을 느끼고 음미하라! 일상으로 돌아가면 이렇게 자문하라.
이 목표를 달성했는가?

_____

_____

_____

_____

'그렇다'라고 답했다면 축하한다!
'아니다'라고 답했다면, 무엇 때문에 목적을 달성하지 못했는지 생각해보라.

_____

_____

_____

_____

불평 없는 공간에 입장하다

다음 페이지의 포스터를 복사하여 집이나 사무실에 붙여두어라(www.
jarretederaler.com 블로그를 방문하면 더 큰 사이즈의 포스터를 무료로 다운로드 받을
수 있다).

당신은 불평 없는 공간에
입장하셨습니다

(여기서는 행복의 보급에 유리한 법칙에 따라야 합니다)

© Lili la Baleine

**나는 불평을
그만두기로 했다** 당신이 이 공간에 머무름에 따라 발생할 수 있는 평온한 순간에 대해
서 우리는 아무런 책임도 지지 않습니다.

3부

불평하기에서

감사하기로

6장

당신도
할 수 있다

불평의 효과를 곰곰이 따져보니, 불평은 문제 해결에 아무런 도움도 되지 않았다. 내 불평으로 나와 주변 사람들의 상황이 나빠지기만 했다. 솔직히 잘해보겠다고 하는 일이라곤 투덜대기, 소리 지르기, 잔소리뿐이었다.

불평하다 보면 잘못된 것에만 온통 주의를 집중하게 된다. 잘되고 있는 일에 대해서는 기쁘게 생각할 겨를이 없다니, 얼마나 안타까운 일인가!

불평하면 위안을 얻을 수 있을까? 아마 그럴지도 모른다. 하지만 불평이 효과적인 위안인지는 잘 모르겠다. 불평하면 원하는 것을 단기간에 얻을 수 있을까? 솔직히 불평은 행복에 아무런 보탬이 되지 않으며, 나쁜 기운을 불러들이기 일쑤이다.

그래서 나는 습관처럼 달라붙어 내 일상을 '오염시키는' 불평을 없애려고 온갖 수단을 다 동원했다. 이런 과정에서 21일 연속 불평을 그만두는 도전이 탄생했다. 이 도전으로 내 삶이 얼마나 바뀔지 궁금했다. 세 아이들과, 직장에서, 고객들에게, 부부 사이에, 집안일 할 때, 장 볼 때, 스케줄 짤 때 등 삶 전체에서 불평을 완전히 없애면 어떤 일이 일어날지 궁금했다!

이 도전은 일종의 게임, 그보다는 하나의 실험으로 시작되었다. 나는 본래 호기심이 많은 성격이라, 나 자신을 위해 이 도전을 하고 싶었다. 21일 동안 불평하는 습관을 바꾸는 데 의식적으로 전념할 수 있다면 어떤 일이 생길까? 마치 '봄맞이 대청소'를 하는 것처럼 말이다. 나는 이 표현이 좋다. 겨우내 묵은 것들을 걷어내듯, 21일 연속 모든 형태의 불평을 싹 없애는 것이다.

정말 힘든 도전이었다(처음에 내 블로그를 방문한 사람들은 이 도전에 실패할 거라고 장담했다). 그러나 한 가지는 확실하다. 이 도전을 시작하는 것은 결국 나 자신의 삶을 살고, 소박한 삶에 진심으로 감사할 줄 알며, 좌절감과 의무감을 안고도 매일매일을 만끽할 수 있는 최상의 방법이라는 것이다.

나는 이 도전을 진심으로 원했다. 그리고 내 블로그를 활용해 경험을 쌓아나갔다.

▶ 챌린지 28 : 일지 작성(266쪽)

원칙

원칙은 간단하다. 도전하고 있다는 사실을 잊지 않도록 손목에 팔찌를 차는 것부터 시작했다.

첫째 날은 평범하게 보냈고, 다음 날들도 마찬가지였다. 그러다 나도 모르게 불평한다는 걸 알아챌 때마다 팔찌를 다른 쪽 팔에 옮겨 차고, 날짜를 처음부터 다시 셌다. 도전을 시작하고 처음 며칠은 손목 이쪽저쪽에서 팔찌가 춤을 추듯 옮겨 다녔다! 그래도 이런 나 자신을 판단하지 않으려 했다. 대신 아주 단순하게, 기계적으로 팔찌를 다른 손목으로 옮겼다.

▶ **챌린지 29** : 손목에 팔찌 차기 (268쪽)

왜 21일인가?

분명히 하자. 불평은 습관이다. 우리는 자기도 모르는 사이에 불평한다. 나는 이 사실을 분명히 알 수 있었다. 그러나 문제는, 앞서 살펴본 것처럼 불평이 우리 삶에 적지 않은 영향을 미친다는 점이다. 습관이라 의식하지 못할 정도로 몸에 배어 있다. 사무실에서 나와 자동차에 올라타자마자 담배에 불을 붙이거나, 엘리베이터에 오르자마자 휴대폰을 켜는 것 같은 반사적 행동이다. 이런 행동들은 일상의 일부가 되고, 의식하지 않고 하게 된다.

10년 전에 나는 큰맘 먹고 담배를 끊기로 했다. 담배가 몸에 해롭다는 건 잘 알고 있었고, 이 무익한 것에 의존하며 살아가고 싶지 않았다. 어느 날 담뱃갑을 갖다 버리면서 도전을 시작했다. 그때 깨달았다. 담배에 불을 붙이고 연기를 뿜어내는 것이, 니코틴 결핍보다 훨씬 견디기 힘든 반사적인 행동이란 걸. 이제 담배를 두 손가락 사이에 끼고 연기를 뿜어내던 그 행동을 할 수 없으니 사무실에서나 저녁 모임에서 손이 허전한 느낌이 들었다. 그리고 몇 년을 거의 매일 밤 똑같은 악몽을 꾸었다. 담배를 끊었다는 사실을 잊고는 (니코틴 결핍 때문이 아니라) 습관적으로 담배에 불을 붙였던 것이다.

▶ **챌린지 30 : 천천히 심호흡하다**(269쪽)

이 경험담은 습관이 얼마나 무의식에 깊이 뿌리박혀 있는지, 그 습관을 없애려면 얼마나 긴 시간을 노력해야 하는지 잘 보여준다. 반사적인 불평도 마찬가지이다. 어떤 습관을 버리고 새 습관을 들인다는 건 그렇게 간단하지 않다. 처음에는 엄청난 노력을 해야 할 것 같은 기분이 든다.

프랑스의 시인 르네-프랑수아 쉴리 프뤼돔은《스탕스와 시》에서 이렇게 말했다. "습관은 이성을 밀어내고 우리 안에 들어앉은 국외자이다. 습관은 집 안에 상주하는 늙은 주부이다. […] 그러나 그의 손아귀에 빠지면 무분별해진다! 단조로운 걸음걸이로 다가오는 이 노파는 젊은 자유를 잠재워버린다."

어떤 습관을 다른 습관으로 대체하려면 21~28일 정도가 필요하다. 21~28일 정도면 새 습관이 들어 자동적으로 그 습관대로 행동하게 된다. 21일이냐 28일이냐는 그렇게 중요하지 않다. 그 습관이 몸에 배어 실질적인 변화를 가져와야 한다는 게 중요하다. (적어도 3주 연속) 충분히 오랫동안 지속해야 "인위적으로 불평하지 않는 것"에서 "제2의 천성, 즉 습관을 형성하는" 단계로 넘어갈 수 있다. 그래야 지속적으로 변화할 수 있다.

하루 동안 불평을 그만두는 것도 좋은 방법이다. 이렇게 하면 잠시라도 불평을 멈출 수 있다. 그러나 어느새 습관적이고 반사적인 행동을 반복하게 된다. 그러다 결국 출발점으로 되돌아온다. 도전을 시작한 많은 사람이, 시간이 가도 기세가 꺾이지 않는 불평이라는 습관 때문에 용기를 잃고 막막한 기분을 느끼곤 한다. 처음에는 21일 연속 도전을 유지하는 것이 정말로 불가능해 보일 것이다.

21일은 긴 시간이다. 나도 여러 번 실패를 거듭했고, 도전에 성공하기까지는 2주의 시간이 더 필요했다. 도전을 원한다면 당신도 자신을 판단하지 말고 인내심을 가져라. 이 시간을 버텨낸다는 것은 노력이 헛되지 않다는 증거이다. 당신의 삶이 근본적으로 변화하게 될 것임을 보증하는 것이다.

이 점만은 확실히 해두자. 이 책은 하루아침에 삶을 낙관적으로 보라고 말하는 책이 아니다. 그게 가능하다고 믿는 것은 비현실적인 일이다. 단 하루 만에 갑자기 전문 마라토너가 된다거나, 체중을 10킬로그램 감량할 수 없는 것과 마찬가지이다. 그런데도 하룻밤 사이에 할 수 없다는 이유로 포기할 수는 없지 않겠는가? 어떤 도전이든 성공하려면 필요한 조치를 취해야 한다. 마라톤 완주를 하고 싶다면 매일 아침 달리기를 해야 할 것이고, 살을 빼고 싶다면 초콜릿을 듬뿍 바른 빵은 포기해야 할 것이다.

21일 연속 불평하지 않기에 도전하면 새로운 습관, 새로운 반사적 행동들을 만들어낼 수 있다. 과학적으로 말하면 뇌에 새로운 경로를 맺어주는 것이다. 사실상 습관은 신경학적으로 새로운 경로를 만드는 것이다. 긴 시간 동안 특정 방식으로 생각하거나 행동할 때, 여기에 연결된 신경학적 경로는 더 강하고 도드라지게 된다. 요약하자면 불평이 심한 사람은 그렇지 않은 사람보다 부정적인 사고에 더 강하게 연결되어 있다는 것이다.

하루아침에 불평을 뚝 끊기는 불가능하다. 또다시 처음부터 시작해야 한다는 것이 절망스럽다면, 잘 기억하라. 뇌의 경로는 천천히 바꿔나가야 한다. 불평을 그만두는 유일한 성공 비법은 지속적으로 반복하는 것이다. 평소와 다르게 생각하고 느끼고 행동할 때, 당신의 뇌는 조금씩 '재구성'된다. 이것이 바로, 반드시 평생 불평하며 살 필요는 없다는 증거이다!

Tip 자기도 모르게 불평하고 있다면, 뇌에 다른 경로를 맺어준다는 생각을 떠올리며 불평하지 않는 쪽을 선택하라.

불평하지 않고 사는 것은 가능하다

위스콘신대학교의 리처드 데이비슨Richard Davidson 박사는 이렇게 말했다. "뇌의 가소성에 관한 정보들에 따른다면, 행복이나 동정심은 악기나 테니스보다 배우기 쉬운 능력이다." 그러므로 불평을 그만두고 삶의 좋은 일들에 감사하며 더 행복해질 수 있도록, 우리 뇌를 그렇게 만드는 것이 불가능한 일은 아니다. 그러려면 습관을 조금씩 바꾸어야 한다.

이 목표에 도달하기 위해, 나는 두 달간 나를 돌보는 법을 배웠다. 이 두 달간 나를 돌보고(이것은 맹세코 전혀 불쾌한 일이 아니었다), 불평의 원인을 찾아내고, 내 삶에 진정한 변화를 가져오는 방법을 알아내야 했다.

우리는 삶의 균형과 행복을 위한답시고 중요한 것들을 부정해버린다. 다시 한 번 말하지만, 불평을 그만두는 것은 고작 몇 시간 삶을 긍정적으로 보도록 억지 노력하다 폭발해버리는 그런 시도들과는 거리가 멀다.

> **에밀** "나는 사흘 연속 불평하지 않고 지낸 다음, 이 문제를 소홀히 생각했어요. 21일 연속으로 그렇게 할 필요까지는 없고, 매일 조심하면 그만이라고 생각했던 거죠. 그런데 폭삭 망하고 말았어요! 생각보다 내가 불평을 훨씬 많이 한다는 사실을 깨달았죠. 실제로 나는 부정적인 사고방식에 '오염되어' 있었어요. 지금은 내 비관적인 목소리에 그만하라고 말해요. 이번에는 진짜 성공하겠다는 의지를 가지고 다시 모험을 시작했죠. 전에 쓰던 팔찌가 망가져서(고무줄이 끊어져서) 새 팔찌도 구매했답니다."

> ▶ **챌린지 31** : 생각하는 방식을 바꾸다(271쪽)

팔찌를 활용해야 하는 이유

당신도 도전해볼 마음이 있는가? 그렇다면 팔찌의 중요성을 강조하고 싶다(고무줄 팔찌가 훨씬 실용적이다)! 불평할 때마다 팔찌를 옮겨 찬다는 건, 당신의 뇌에 새로운 경로를 연결해준다는 뜻이다. 팔찌를 옮겨 차는 행위를 반복하면 새 습관이 몸에 밴다. 따라서 팔찌는 도전을 상기시켜주는 탁월한 도구이다. 불평 없이 더 건강한 삶을 향해 나아가고 있음을 의식하게 해준다.

> **크리스틴** "나는 〈심리학 잡지〉를 통해 당신의 블로그를 알게 되었고, 이렇게 생각했어요. '그래, 나라고 안 될 게 뭐 있어. 이 여자도 세 아이를 둔 워킹맘이고, 그런데도 앞으로 불평하지 않겠다는 시도를 했다면 분명 나도 할 수 있을 거야.' 열흘 전, 손이 기름 범벅인 채로 팔찌 없이 도전을 시작했는데, 확실히 효과가 덜했어요. 하루하루 일과에 열중하다 보면 이상하게도 이 '훌륭한 결심'을 잊게 되더라고요."

나는 이런 규칙들을 따랐다.

- **집에 있는 흔한 고무줄을 팔찌로 사용했다**(머리 묶는 고무줄은 쉽게 구할 수 있을 것이다).
- **나도 모르게 불평할 때마다 팔찌를 다른 쪽에 옮겨 차고, 날짜도 처음부터 다시 셌다.**

목표에 도달하려면 몇 달이 걸릴지도 모른다. 그러나 당신의 삶은 기쁨과 사랑으로 가득 찰 것이다. 매 순간 삶에 감사하게 될 것이다. 일상은 더 맛깔스러워질 것이다. 도전은 간단하지만, 그 파급효과는 굉장할 것이다. 불평을 거부하는 것만으로도 우리와 주변 사람들의 일상이 바뀐다니, 놀랍기만 하다.

팔찌를 다른 팔로 바꿔 차는 것에는 큰 의미가 있다. 당신이 무엇을 하고 있는지 의식하게 해주기 때문이다(나중에는 처음에 생각했던 훌륭한 의도를 자꾸 잊어버리게 된다). 왼쪽에서 오른쪽으로 팔찌를 옮기는 행동으로 뇌는 이 훈련에 적응한다(이런 교차 운동이 뇌의 두 영역을 연결하는 데 큰 영향을 미친다고 분석한 뇌과학 연구가 있다).

Tip 자신도 모르게 불평하고 있다면 팔찌를 다른 쪽에 옮겨 차고 숨을 크게 들이쉰 뒤 이렇게 말하라. "불평하지 않고 매 분, 매 시간을 보내는 것은 나 스스로에게 주는 선물이다. 나는 삶을 만끽하고 싶다."

불평의 기준 세우기

도전을 시작했을 때 블로그 구독자들이 이 질문을 가장 많이 했다. '불평하다'를 프랑스어 사전에서 찾아보면 "괴롭게 헐떡이다, 투덜거리다, 거친 숨소리를 내다, 거칠게 항의하다"라고 되어 있다.

'불평하다'와 비슷한 표현으로는 '화를 내다, 투덜대다, 툴툴거리다, 투정하다, 우는소리 하다, 원통해하다, 격노하다, 중얼대다, 저주하다, 구시렁거리다, 비난하다, 하소연하다, 노발대발하다, 항의하다, 짜증 내다, 잔소리하다, 분개하다' 등이 있다.

그러나 예민한 상황에서는 남들이 나를 무시하지 못하게 '선을 긋는 것'과 '불평하기'를 구분하기가 그렇게 쉽지 않다! 이 문제는 좀 더 세세하게 살펴봐야 한다. 그래서 불평을 구분할 수 있는 세 가지 기준을 세웠다.

- 첫 번째 기준은 '어조tone'이다. 어조는 누구에게나 적용되는 가장 분명한 기준이다. 투덜대고 있는가? 화가 나서 약 올라 하고 있는가? 소리를 지르고 있는가? 신랄하고 '귀에 거슬리는' 어조로 마음을 표현하고 있는가? 이런 질문으로 내가 지금 불평하고 있는지 가늠할 수 있다.

- 두 번째 기준은 '입장positioning'이다. 내가 지금 가해자를 지목해 생각을 표현하고 있는가? 나는 가해자 찾는 일을 몹시 즐기는 사람이었다. 가해자가 있어야 내 잘못이 아닌 게 되기 때문이다. 해변에서 책을 못 읽게 된 건 아이들 잘못이었다. 고속도로에서 문제가 생기면 엉터리 운전사들 잘못이었다. 내가 지각한 건 '나도 모르는 누군가'의 잘못이었다. 즉 지금 불평을 하고 있는지 알아보려면, 내가

어떤 입장에 있는지를 기준으로 삼아야 한다. 자신을 피해자로 보고 있지는 않은가?

내 경우에는 피해자가 되는 편이 훨씬 쉬운 적이 많았다. 나는 "그건 내 잘못이 아니야. 그들이 변해야 해"라고 말하면 그만이었고, 나는 피해자이므로 "아무것도 할 수 없었다." 이 경우 내 자신은 문제 삼을 필요가 없다.

가해자와 피해자를 나누는 전략의 문제점은, 비난하는 입장에 있을 때 자기가 가장 힘이 세다고 믿는다는 것이다. 판단하고 질책하면 힘을 행사하는 줄 알지만, 결과적으로는 그 힘을 잃게 된다. 스스로 피해자가 됨으로써(피해자가 될지 말지는 자신이 선택하는 것이다!), 가해자에게 힘을 실어주기 때문이다. 내 행복과 평온은 가해자가 쥐고 있다. 따라서 내가 좌절하지 않으려면 그들이 바뀌어야 한다!

• 세 번째 기준은 말의 '정확성'이다. 불평하다 보면 상대방이 내 말을 들어주지 않을 것 같아 노심초사하며 말을 부풀린다. 불평이란 욕구가 있을 때 나오기 마련인데, 그 욕구는 애써 얻을 만한 가치가 있을 만큼 현실적이다. 예를 들면 안락함, 평온함, 도움, 인정, 휴식을 얻기 위해 불평이라는 전략을 쓴다. 내 욕구가 받아들여지지 않을 것 같다는 불안감이 커질수록 표현도 강해진다. "지긋지긋해. 피곤해 죽겠어. 내가 백 번도 더 말했잖아." 강하게 표현해야 남들이 들어줄 거라고 믿는 것이다. 당신은 실제 상황을 객관적으로 묘사하고 있는가, 아니면 부풀려 말하고 있는가?

처음에는 속으로 불평할 때(스트레스를 받아서 배가 살살 아프다거나 구시렁거릴 때)도 팔찌를 옮겨 차려고 했다. 하지만 이런 식으로 하다가는 절대 목표에 도달하지 못할 것 같았다. 아이가 없거나 할 일이 없거나, 칵테일을 홀짝이며 일광욕을 하는 호사를 누리고 있다면 또 모를까!

불평의 이유를 대라면 하루 종일도 모자랄 판이다. 따라서 이 도전을, 삶을 정돈하는 계기로 삼는다면 좋겠다. 분명 좌절감의 원인이나 부정적인 생각을 전부 없앨 수는 없다. 그러니 일단 좌절감을 불평으로 표현하지 않는 것부터 시작하라. 감정을 불평으로 표현하면 삶에 악영향을 미친다. 자려고 누우면 낮에 했던 말들이 떠오르기 마련이다. 이 말들은 당신 주변에 각인된다. 부정적인 말들은 당신의 하루를 오염시키고, 당신의 행동(과 반응)을 물들인다. 이 도전의 규칙은 다음과 같다.

- **소리 내어 불평하지 마라.**
- **좌절감을 없앨 다른 방법을 찾아라.**
- **어떤 문제를 두고 다른 사람과 소통해야 한다면, 불평하지 말고 당사자와 이야기하라. 이 점이 매우 중요하다.**

물론 때로는 소리를 지르거나 불평하거나 불같이 화를 내서 불만과 고통을 표현할 필요가 있다. 하지만 솔직해지자! 대부분은 의식하지도 못한 채 온종일 투덜대지 않는가. (불평의 원인과는 아무런 상관도 없는) 친구에게, 배우자에게, 이웃에게 불평을 늘어놓지만 문제는 해결되지 않는다. 우리는 원하지 않는 것을 견뎌내며 하루를 버티고, 여기서 오는 고통은 우리를 오염시킨다. 불평을 없앤다면 그만큼 마음도 넓어질 것이다. 그렇게 여유가 생기면 내가 원하는 것을 생각하고, 삶을 주도하며, 이미 갖고 있는 것과 그에 대해 감사하는 마음을 갖게 될 것이다.

> **챌린지 33** : 좌절감과 욕구를 구분해서 표현하라(276쪽)

> **챌린지 34** : 압력이 폭발하는 것을 피하다(279쪽)

내가 도전을 시작했을 때

이 도전은 시작 당시부터 발견과 자각의 연속이었다. 처음에는 팔찌가 쉴 새 없이 왔다 갔다 했다. 나는 이것을 '춤추는 팔찌'라고 불렀다. 팔찌가 고무줄이라 정말 다행이었다(고무줄 팔찌는 이 도전의 필수품이다)!

날마다 날짜를 처음부터 다시 새지 않으려면 상황 파악이 우선이었다. 그다음 그 상황을 피하거나 바꿀 수 있는지 따져봐야 했다. 그 결과 나에게는 아침이 가장 취약한 시간대라는 것을 알았다(그다음으로는 취침시간). 아침에는 식사 준비를 하면서 세 아이를 챙기고, 도시락을 싸고, 각각 다른 시간에 각각 다른 학교에 데려다주어야 한다. 아침은 불평이 튀어나올 위험이 가장 큰 시간대였다!

아침마다 시간에 쫓기고 압박감을 느낀 나는 아이들에게 이거 해라 저거 해라 명령을 내리기 바빴다. "옷 입어! 아침 먹어! 뭐? 신발이 어디 있는지 모르겠다고? 서둘러, 빨리, 빨리!"

이것은 하루를 시작하는 최악의 방법이었다. 평화로운 아침은 그림의 떡이었다. 나는 아침이, 각자 자기 자리로 흩어지기 전에 보내는 평화롭고 가족적인 시간이 되길 바랐다.

이런 상황을 피하려면 어떻게 해야 할까? 이런 상황을 미연에 방지하는 것이야말로 불평하지 않을 수 있는 효과적인 전략이란 생각이 들었다. 불평의 원인을 없애면 도전은 더 쉬워질 것이다. 애써 불평을 참으려고 하지 않아도 된다. 그래서 나는 차근차근 변화를 실천했다.

- **딸들에게 학교에 가져갈 점심 도시락은 각자 준비하라고 부탁했다** (우리가 사는 동네에는 급식이 없는 학교도 있다).
- **딸들과 함께 날마다 해야 하는 일들을 정했다. 다음 날 입을 옷은 전날 미리 골라놓았다**(그래도 신발을 찾는 일은 아직 갈 길이 멀다!).
- **아침에 마실 커피는 전날 저녁에 미리 준비해두었다.**

- 전에는 일찍 일어나기가 너무 힘들었는데, 이제는 일찍 일어날 수 있다.

자신에게 편한 것과 불편한 것을 분명히 구분하는 것은 정말 중요하다. 그래서 나는 의무라도 되듯 불평이 나올 만한 상황을 피하려고 애썼다.

예를 들어 곧 저녁 식사 시간이 다가오는데, 나는 아직 책상 앞에서 일하는 중이다. 곧 있으면 딸들이 배고프다고 아우성일 텐데, 그것 때문에 스트레스가 밀려온다. 일을 그만두고 저녁 준비를 할 수도 있고, 책상 앞을 떠나지 않고 일을 계속할 수도 있다. 단, 불평은 하지 않는다.

중요한 약속이 있다면, "일을 하나 더 하려다 약속에 늦는 것보다" 10분 정도 미리 출발하는 쪽을 택한다.

요즘도 좌절감이 생기거나 스트레스를 받을 만한 상황을 피하는 것을 최우선 과제로 삼고 있다. 이런 결심이 흔들릴 기미가 느껴지면 가능한 한 빨리 상황을 바로잡으려고 노력한다. 되돌아갈 수 없는 지점에 이를 때까지 기다리지 않는다.

이 도전의 원칙은 억지미소를 지으며 참는 것과는 거리가 멀다. 삶을 마지못해 낙관적으로 보아야 한다거나, '케어베어스(미국에서 만든 알록달록한 곰 캐릭터로, 어린아이 같거나 천진난만한 사람을 빗대어 쓰기도 하며, 케어베어스의 나라는 순수한 사람들이 꿈꾸는 이상향을 말한다-옮긴이)의 나라'에서 산다고 우기는 것도 아니다. 이 도전은 오히려 삶을 건강하게 만드는 새로운 방법을 개발하는 프로젝트에 가깝다. 더 기쁘게 삶의 순간들을 살아가고, 일이 잘 안 풀려도 자신이 책임져야 할 부분을 인정하는 것이다. 계획을 조정하고 다른 방법을 찾아보는 것이다.

온종일 불평을 참으면서 도전을 시작하면 기껏해야 몇 시간 혹은 며칠 정도 버틸 수 있을 것이다. 더 행복하고, 더 평온하고, 더 풍요로운 삶이라는 결과를 얻을 수는 없을 것이다.

▶ **챌린지 37** : 표면적으로 불평하지 말고 핵심으로 들어가라(286쪽)

도전의 4단계

이 부분을 읽고 도전하고 싶은 생각이 들었다면 '대단하다'란 말을 해주고 싶다! 당신도 열정적인 자기계발의 길로 들어서서, 행복이 당신의 손 안에 있음을 깨닫게 될 것이다.

기업에서는 '변화 관리Change Management'[12]라는 기술을 활용한다. 다음에 소개하는 변화 관리의 4단계[13]를 알고 나면, 자신이 무엇을 기대하는지 깨닫게 될 것이다. 이 도전을 개괄적으로 보여주는 큰 그림이 있었으면 좋겠다고 생각했을 때 이 이론은 큰 도움이 되었다.

1단계 : 희열과 희망

불평을 그만둘 수 있다는 걸 알고 나면 이렇게 말한다. "내가 불평을 그만둔다면? 안 될 게 뭐 있어?" 아직은 자신이 자동적으로 불평한다는 것과 얼마나 불평하는지를 인식하지 못한다. 따라서 다른 행동방식을 찾지 못한다. 이 단계에서 자신이 불평을 많이 한다는 걸 자각하는 사람들도 보았다. 그러나 그들도 불평이 습관처럼 뿌리내리고 있다는 사실은 몰랐다. 이 단계에서는 "자신이 불평한다는 걸 모른다는 사실을 알지 못한다."

2단계 : 도전을 자각하다

이 단계에서는 '춤추는 팔찌'의 현란한 춤을 볼 수 있다. 손목에 팔찌를 수없이 옮겨 차면서도 끊임없이 불평한다. 이제는 자신이 얼마나 불평하는지 자각은 했지만, 어떻게 달라져야 할지까지는 모른다. 이 단계에서는 "자신이 모른다는 것을 알고 있다." 한 단계 더 높이 올라가야 한다는 사실을 받아들이고, 다른 행동방식을 배워야 한다. 저항감이 들고, 포기하고 싶은 마음이 생기므로 어려운 단계이기도 하다.

처음 2~3일 정도는 도전이 재미있겠지만, 곧 이런 생각이

들 것이다. '이건 불가능해. 너무 힘들어. 내가 왜 이 바보 같은 도전을 하고 있는지 모르겠어. 안 그래도 걱정거리가 태산 같은데…' 가장 많은 사람이 이 순간에 포기한다. 이 사실을 기억한다면 이 단계를 버텨낼 수 있을 것이다. 즉 3~5달 뒤에도 제자리에 있는 것 같다고 생각하겠지만, 그렇지 않다. 당신은 앞으로 나아가고 있다. 앞으로 껑충 뛰어 나가는 중이다. 손목에 팔찌를 옮겨 찬다는 것은, 이 과정이 뇌에 각인되고 있다는 신호이다. 실패에서 얻을 수 있는 귀한 교훈이 분명히 있다.

> **챌린지 38 :** 해결책에 집중하라(288쪽)

3단계 : 불평하지 않고 몇 시간, 며칠을 보내다

마침내 우리는 성공을 경험한다(잃은 건 아무것도 없다!). 제법 자신을 통제할 수 있고, 말하기 전에 힌 번 더 생각하며, 불평 없이 욕구를 해결하고, 좌절감을 다른 방법으로 표현한다. 자기 통제에 매우 집중해서 '의식적으로' 행동한다. 이 단계에서는 날짜 세기가 시작된다. 보통 사흘, 열흘 연속 불평 없이 지내고, 다시 처음부터 시작하지 않으려고 최선을 다한다. 그래도 어느 날 불평을 한다면 다시 시작한다. 그러나 우리는 성공할 수 있다는 걸 알고 있다. "불평을 어떻게 그만둘 수 있는지 안다는 것을 아는" 단계이다. 이제 나쁜 습관을 없애고 근본적으로 변화하기 위해 끈질기게 버티는 것이 중요하다.

4단계 : 달인의 경지

이 단계에서는 "안다는 사실을 모른다." 불평을 그만두는 기술 따위는 잊은 채 자연스러운 상태에 있다. 우리는 습관을 바꾸었다. 불평하지 않는 것은 이제 천성이 되었다. 이 단계는 불평 없이 연속해서 21일을 보냈을 때 도달할 수 있다. 우리는 지혜롭게 성장했고, 근본적으로 변화했으며, 과거와는 다른 삶을 살게 될 것이다.

▶ **챌린지 40** : 앞으로 영원히 불평을 그만둔다!(292쪽)

불평을 그만두면 행복이 들어선다

문제 해결에 집중할수록, 일이 원하는 대로 되지 않을 때 대부분 크게 좌절한다. 마음먹은 대로 되지 않는다고 고통스러워하고 불평하면 에너지가 바닥나고 만다.

- 지하철이 운행을 중단하면 우리가 어떻게 할 수 없는 문제이므로, 불평한다.
- 직장 상사의 반응은 우리가 어떻게 할 수 없는 문제이므로, 불평한다.
- 배우자의 선택은 우리가 어떻게 할 수 없는 문제이므로, 불평한다.
- 비가 오거나 눈이 내리거나 추운 것은 우리가 어떻게 할 수 없는 문

제이므로, 불평한다.

- 아이들의 태도는 우리가 어떻게 할 수 없는 문제이므로, 불평한다.
- 교통체증은 우리가 어떻게 할 수 없는 문제이므로, 불평한다.
- 두통이나 요통은 우리가 어떻게 할 수 없는 문제이므로, 불평한다.

예를 들자면 한도 끝도 없다. 하지만 불평하는 사이 좋은 것들을 놓치게 된다. 나는 도전을 시작했을 때 하루를 되돌아보면서, 불평이 삶을 얼마나 오염시키는지 깨달았다.

- 집 안이 난장판이어서 불평했다.
- 아이들을 통제할 수 없어서 불평했다.
- 일정이 지연되는 모든 일에 대해 불평했다.
- 할 일이 너무 많거나, 잊어버린 일들 때문에 불평했다.
- 하루하루가 어떻게 지나가는지도 모를 정도로 불평하며 이렇게 중얼거렸다. "젠장, 제대로 하는 일도 없이 하루가 다 가버렸네!" 정말 모든 게 엉망진창인 기분이었다. 내 삶은 온통 좌절감, 실망감, 후회로 가득 차 있었다.

불평할 때 되는 일이 없다는 말을 자주 하는데, 그러다 보면 점점 상황을 그런 식으로만 보게 된다. 사소한 일을 심각한 문제로 부풀리게 된다. 불행에 집착하고, 불평할 이유들이 점점 늘어난다.

칼릴 지브란은 말했다. "삶의 질은, 삶에서 얻는 것보다는 당신이 어떤 태도를 택하느냐에 더 크게 좌우된다. 어떤 일이 일어났는가보다는, 당신의 마음이 그것을 어떻게 받아들이느냐에 더 크게 좌우된다."

불평을 그만두면 이미 가지고 있는 것에 더 많이 집중할 수 있다. 원하지 않는 것보다 원하는 것에 더 많이 집중할 수 있다. 그러면 하루하루 우리를 행복하게 해주는 것이 눈에 들어오고, 귀하게 여기는 것에 감사하는 마음이 생긴다.

어떤 것에 집중하면 그것이 삶에서 더 많은 자리를 차지하게 된다. 그것이 바로 우리의 현실, 일상, 삶이 된다고 나는 굳게 믿는다.

"진정한 행복을 바란다면, 삶의 모든 경험에서 행복을 캐내려 하지 말고, 그 모든 경험을 행복으로 보아야 한다."14 이토록 매력적인 관점의 변화가 있을 수 있을까?

불평은 어떤 경험에서 충분한 행복을 느끼지 못했다는 실망감 때문에 나오는 경우가 대부분이다. 그러나 솔직히 삶의 경험에서 행복을 발굴하는 것은 바로 우리이다. 그 반대가 아니다.

지금 이 순간 자신의 행복을 가꿀 사람은 바로 우리 자신이다. 우리의 행복은 우리 것이다. 그것은 미래에 있지 않으며, 우연히 얻을 수도 없다. 장자크 루소는 말했다. "스스로 행복을 가꾸지 않으면서, 멀리서 행복을 찾는 것은 헛된 일이다.”

불평을 그만두면 그 자리에 행복이 들어설 수 있다. 대화에서 불평을 없애면 에너지가 퍼져나가고, 빈 공간이나 여유가 생긴다(처음에는 어색할 수도 있다). 그러면 전에는 의식하지 못하고 지나쳤던 사소한 것들을 주의 깊게 볼 수 있다. 행복의 씨앗을 뿌릴 공간이 조금씩 생겨난다.

예전부터 늘 그 자리에 있었지만, 잊고 지냈던 소소하고 즐거운 일상이 이제 삶에서 더 큰 자리를 차지한다. 우리는 그런 일들에 흠뻑 젖어 삶을 만끽할 수 있다. 차의 맛과 창가에서 꽃을 피운 나무를 음미하며, 맑은 공기를 들이마시고, 어리광 부리는 아이들, 좀 더 일찍 퇴근해서 저녁식사에 함께하는 배우자, 전화로 새로운 소식을 전해주는 친구, 좋은 음악으로 어깨를 들썩이게 하는 아티스트, 훌륭한 책으로 영감을 주는 작가들, 함께 저녁식사를 하며 터져 나오는 웃음들, 자아실현을 가능하게 해주는 직장 등에 감사하는 마음이 생긴다.

이 도전을 계기로, 나는 삶에 대한 감사의 마음이 더 커지기를 바랐다. 불평을 감사로 바꾸고 싶었다. 삶을 만끽하고 싶었고, 생각대로 되지 않는 일들에 마음을 빼앗기고 싶지 않았다. 주어진 삶에 감사하는 마음을 더 많이 갖고 싶었다.

▶ **챌린지 43 : 날마다 감사한다!**(301쪽)

기억하기 도전하고 있다는 것을 되새길 수 있도록 팔찌부터 차라.

자신도 모르게 큰소리로 불평할 때마다 팔찌를 옮겨 차라(처음에는 셀 수 없을 만큼 팔찌를 옮겨 차겠지만, 염려할 것 없다). 팔찌를 옮겨 차면 처음부터 21일을 다시 세어라.

판단이나 불평 없이 좌절감과 욕구를 표현하라.

현재 도전의 어느 단계에 있는지 파악하라.

- 희열의 단계 : "불평을 그만둘 수 있다는 사실을 모른다."
- 인식과 춤추는 팔찌의 단계 : "불평을 그만두지 못한다는 사실을 안다."
- 진행 단계 : "불평을 그만둘 수 있다는 것을 안다." 불평 없이 며칠을 보낸다.
- 21일 연속 불평 없는 상태를 유지할 수 있는 사람만이 도달할 수 있는 달인의 단계 : "안다는 것을 모른다." 불평하지 않는 것이 뿌리 깊은 습관으로 자리 잡는다.

불평을 감사로 바꾸는 것을 잊지 마라. 삶에 대한 감사를 다른 사람들과 나누는 것도 잊지 마라.

7장

먼저 도전한 사람들의 질문과 그에 대한 답변

이 도전에 성공하려면 얼마나 걸릴까요?

사람들은 하루 평균 15~30번 정도 불평한다고 한다. 정말 열심히 도전에 임하는 사람들은 21일 연속 불평 없이 지내는 데 두 달에서 열 달 정도 걸린다. 쉽지 않은 일이지만 해볼 만한 가치가 있다.

불평을 겉으로 표현할 때만 팔찌를 바꿔 차야 한다는 사실을 기억하라. 마음속으로만 불평했다면 불평으로 치지 않아도 된다. 이제 좀 안심이 되는가?

당신은 예전보다 더 불평을 참으려 하고, 좌절감을 불러일으키는 상황을 피하려 하며, 불평할 만한 이유를 찾지 않으려고 노력할 것이다. '정신의 하드드라이브'를 다시 포맷하고, 삶을 주도하며, 더 행복한 사람이 될 것이다. 하루하루를 있는 그대로 받아들이고, 21일 안에 목표를 이루어야 한다는 강박관념을 갖지 않도록 유의하라. 하루 동안 혹은 다음 한 시간 동안, 다시 시작하는 일이 없도록 불평하지 않겠다고 아침마다 새롭게 다짐하는 것으로도 충분하다. 차근차근, 한 걸음씩, 한 시간씩 당신은 앞으로 나아갈 것이다. 도전은 점점 더 쉬워질 것이다. 마침내 대망의 21번째 날을 축하하게 될 그날이 올 것이다!

21이란 숫자 자체는 목표가 아니다. 그것은 당신의 삶에 변화를 일으키기 위한 하나의 기준일 뿐이다. 내가 바라는 건 당신이 4,000일 동안 불평 없이 지내는 것이다! 불평 없이 지내는 매 시간, 매일은 당신의 삶에 선물이 될 것이다. 21일간의 도전에 성공하는 데 2년이 걸릴지도 모른다. 그러나 도전 첫날부터 은혜의 씨앗을 거두게 될 것이다.

마크 트웨인은 이렇게 말했다. "습관이란 창문으로 내던져 버리듯 없앨 수 있는 것이 아니다. 한 번에 한 계단씩 내려오게 해야 하는 것이다."[15] 내 블로그의 한 여성 구독자는 이렇게 썼다. "어떤 계단은 다른 계단보다 훨씬 많기도 하다!"

무언가를 바꾸어나가는 과정은 수많은 시행착오를 겪는 긴 여정일지도 모른다. 그러나 인내할 줄 아는 사람은 결국 성공을 거머쥔다. 그들은 꾸준함의 중요성을 알기 때문이다. 토머스 에디슨 이야기가 여러분의 이해를 도울 수 있을 것 같다. 그가 실패 때문에 포기했다면 전기의 발견이라는 훌륭한 업적은 결코 가능하지 않았을 것이다. 실패는 무언가를 시도했다는 증거이며, 더 많은 지식과 결과물을 만들어내 목표에 성큼 다가가게 해준다.

매일 저녁, 오늘 하루 무엇을 배웠는지 스스로에게 물어보라. 불평을 했다면 그 불평이 당신에 대해 무엇을 알려주었는가? '즉각적으로' 불평이 나온다는 사실에서 무엇을 배웠는가? 깨달음을 얻었다면, 그 상황으로 되돌아가지 않기 위해 무엇을 할 수 있는가? 만약 불평을 안 했다면, 이제 당신은 상황에 대처하는 방법을 터득한 것이다. 무엇을 배웠는가?

애너벨 "월요일마다 우리 요가 선생님이 이렇게 묻습니다. '여러분은 지금 여기에서 어떤 기분이 듭니까?' 그러면 저는 '좋습니다'라고 답해요. 이 도전 덕분에, 나의 한 주 덕분에 그렇게 생각할 수 있는 거죠. 마음 깊은 곳에서, 내가 세상을 대하는 방식을 바꾸었다는 느낌이 들어요. 주중 내내 팔찌는 이쪽저쪽으로 춤추듯 옮겨 다녔지만, 그렇다고 내가 실패한 걸까요? 난 그렇게 생각하지 않아요. 주변 사람들을 위해, 나 자신을 위해 존재의 품격을 얻은 거예요. 그 월요일이 다른 월요일들과 달랐다는 것만은 확실해요. 그런데 왜 그런지는 솔직히 잘 모르겠어요.

여하튼 내 앙증맞은 팔찌를 보며 내가 지금 어떤 모험을 하고 있는지 기억해요. 난 내 자신이 자랑스럽답니다. 21일을 지키기가 힘든 건 사실이에요. 그래도 그만큼 긴 여정을 지나왔으니… 솔직히 그게 중요한 건 아니지 않습니까?"

당신이 도전할 때도 이렇게 생각한다면 좋겠다. 실패하더라도 그 실패에서 뭔가를 배워라. 항상 책임감 있게 행동하라. 성공할 수 있는 당신의 능력을 믿어라. 불평했다면 처음부터 다시 시작하라!

훈육도 불평에 속하나요?

당신보다 먼저 도전을 시작한 사람들은 위 질문을 가장 많이 했다. 아이들은 우리의 한계를 뛰어넘게 하고 요구를 무시하며, 위험한 짓을 하고, 납득할 수 없는 억지를 부리며 떼쓰는 능력이 있다. 당연히 어른들은 아이들을 바로잡아야겠다는 생각에, 어쩔 수 없이 따끔하게 혼을 낸다. 훈육이란 말하자면 아이들에게 하나의 틀을 제시하는 것이며, 이것은 부모의 중요한 임무이다. 이 도전 때문에 불평이 허용되지 않는다고 해서, 어떤 경우에도 훈육을 게을리하는 일이 생기지 않기를 바란다!

그럼에도 많은 이들이 훈육과 불평을 혼동하는 경향이 있다. 나는 불평 없이 아이들을 키울 수 있다고 굳게 믿는다. 불평하지 않고 말하는 방법이 있다. 예를 들면 "안 돼!" "조심해!" "그건 불가능해!" "나는 동의하지 않아!" "그런 행동은 용납할 수 없어!"라고 말할 수 있다. 우리는 아이들이 어떤 행동을 했을 때 너무 즉각적으로 불평한다. 불행하게도 불평의 첫 번째 희생양은 바로 아이들이다. 아이들을 가르치겠다는 핑계로, 무슨 잘못만 했다 하면 즉각 아이들을 나무란다. 말을 듣지 않는다고, 물건을 여기저기 어질러놓았다고, 자기들 생각밖에 안 한다고, 도와주지 않는다고, 버릇이 없다고, 이기적이라고, 얌전하지 못하다고, 덤벙댄다고, 피곤하게 한다고 나무란다!

나는 사전에서 '훈육하다'라는 단어를 찾아보고 나서, 솔직히 적잖은 충격을 받았다. 사전에는 "한 사람이나 여러 사람을 그가 속한 단체의 질서를 지키기 위한 규율에 복종하게 하다"라고 나와 있다.

'훈육하다'의 동의어로는 "구속하다, 지배하다, 길들이다, 교육하다, 양육하다, 기르다, 예속시키다, 명령하다, 복종시키다, 굴복시키다" 등이 있다.

훈육의 의미가 지배와 복종의 개념에 치우쳐 있다는 것이 몹시 안타까웠다. 그렇다고 틀을 잡아주고, 이끌어주고, 엄격

한 한계를 정해주는 것에 반대하는 것은 아니다. 아이들이 어리고 우리는 부모니까 그들에게 거칠고 딱딱한 표현을 써도 된다고 생각하는 게 문제라는 것이다. 우리는 아이들에게 불평하고 아이들을 판단한다. 아이들을 사랑하지만 착한 아이만 사랑한다. 그래서 불평한다.

불평하다 보면 결국 아이들과 소통이 단절된다. 자기에게 불평하는 소리를 좋아할 사람은 없는 법이니, 아이들은 점점 우리를 멀리한다. 불평하면서 약점을 지적하고 고치라고 윽박지르지만, 불행하게도 그들의 행동을 바로잡을 수는 없다.

아이를 기르는 것이 쉽다는 말이 아니다. 나 역시 아이들 때문에 날마다 한계에 부딪힌다. 그러나 나는 이 도전을 하면서 한 가지 사실을 확인했다. 우리가 기대하는 바를 분명히 말하기도 전에, 특히 아이들이 우리 말을 제대로 알아들었는지 확인해보지도 않고 불평하는 경우가 많다는 것이다. 아이들이 우리가 기대하는 것을 제대로 따라주지 않는다고 불평하면서, 실제로는 방법을 알려주지 않는 경우가 허다하다.

아이들이 우리의 혼란스러움의 희생양이 되는 경우도 많다. 나갈 시간인데 늑장을 부리고 있으면 야단치고, 정신없다고 아이들한테 소리 지른다. 스트레스를 아이들한테 푸는 것이다. 또한 어떻게 대처해야 할지 몰라서 (혹은 게을러서) 상황을 과장하는 습성이 있다. 그러다 폭발하고 불평하게 된다. 불평 없는 훈육은 아이들에 대해 우리의 한계를 정하는 것이지만, 이 도전의 성공을 향한 지름길이기도 하다.

불평하면서 아이들에게 얘기할 때마다, 투덜대면서 아이들을 판단하고, 소리치고, 한숨 쉴 때마다 자신을 잘 관찰해보라. 그런 방법이 잘 통하는가? 불평을 그만두는 것이 양육 문제의 만능열쇠라는 말이 아니다. 손목에 팔찌를 차고 21일 연속 불평하지 않겠다고 다짐하는 것은 간단한 행동이다. 하지만 이러한 간단한 행동을 통해, 아이들과의 관계에서 많은 결실을 맺을 수 있는 발견과 문제제기, 책임감과 소통의 길을 걷게 될 것이다.

뒷담화도 불평에 속하나요?

어느 날 블로그에 한 여성 구독자가 좋은 질문을 올렸다. "뒷담화도 불평에 속하나요?" 친구나 동료들끼리 당사자가 없는 상황에서 그 사람에 관해 이야기하는 것은 어떻게 보아야 할까. 좋은 얘기건 나쁜 얘기건 말이다. 좋은 소식이나 나쁜 소식을 정보 공유 차원에서 이야기하는 것이라면 그것은 불평이 아니라, 오히려 그 반대일 것이다. 그저 소식을 전하고, 연락을 취하고, 관계를 맺으려고 하는 것이다.

그러나 그 자리에 없는 제3자를 부정적으로 판단하거나(험담이나 비방), 조롱하거나, 이미지를 손상시키는 것이라면 문제가 된다. 다른 사람을 나쁘게 말하는 험담은 흔히 두 가지 측면에서 대화를 이어주기 때문이다.

- **상대적으로 우리의 가치를 높여준다.**
- **그 자리에 있는 사람들과 공감을 형성하게 해준다.**

서글픈 이야기지만 사실이 그렇다. 나를 포함해 누구나 살면서 여러 번 이런 행동을 했을 것이다.

이 도전에서는 문제와 관련된 사람들과 대화를 나누는 것이 중요하다. 아무 관련 없는 사람에 대한 이야기는, 우리의 감정과 어려움을 나누고 다른 사람들의 훌륭한 의견을 들어보기 위한 것이다. 그것은 위안을 주는 해결책을 찾기 위한 건설적인 단계가 되어야만 한다.

지금 이 자리에 없는 사람을 판단하는 것이라면, 이 도전에서 허락되지 않은 영역에 발을 들여놓은 것이다. 다음에 소개할 조르주 르사주가 쓴 〈소크라테스의 세 가지 여과기〉16를 읽어보면 더 쉽게 이해할 수 있을 것이다.

소크라테스의 세 가지 여과기

어느 날 어떤 이가 위대한 철학자 소크라테스를 찾아와 말했다. "내가 방금 당신 친구에 대해 어떤 사실을 알아냈는데, 혹시 알고 있소?"

소크라테스가 대답했다. "잠깐, 나한테 그 얘기를 하기 전에 한 가지 시험을 해보고 싶소. 세 가지 여과기의 시험이오."

"세 가지 여과기?"

소크라테스가 대꾸했다. "그렇소. 다른 사람 이야기를 할 때는, 그 전에 말하고 싶은 것을 걸러보는 게 좋소. 이것을 세 가지 여과기의 시험이라고 부른다오. 첫 번째 여과기는 진실의 여과기라오. 내게 말하고 싶은 게 사실인지 확인해보았소?"

"아니오. 난 그저 남들이 하는 말을 듣고⋯."

"좋소. 그렇다면 당신은 소문이 사실인지 모르겠군요. 그럼 두 번째로 선함의 여과기를 사용해봅시다. 내 친구에 대해 하려는 이야기가 좋은 것이오?"

"아니오, 그 반대라오."

소크라테스가 말을 이었다. "그러니까 당신은 그에 대해 안 좋은 이야기를 하려는 것이고, 심지어 그 이야기가 사실인지도 확실하지 않다는 것이군요. 아직 시험이 하나 더 남았소. 바로 유익함의 여과기라오. 내 친구가 했을지도 모를 그 일을 나에게 알려주는 것이 유익한 일이오?"

> "아니오, 절대 그렇지 않소."
>
> 소크라테스는 결론을 맺었다. "내게 하려는 이야기가 사실도, 좋은 것도 아니고 유익하지도 않다면 당신은 왜 그 이야기를 하려는 거요?"

이 도전을 통해 정확하게 말하는 법을 배우자. 한 번 내뱉은 말은 다시 주워 담을 수 없으므로 신중하게 해야 한다. 윈스턴 처칠은 말했다. "악담을 말로 내뱉지 않고 삼켜서 배가 아프다는 사람은 못 봤다."

▶ **챌린지 35 :** 뒷담화를 여과기로 거르다(280쪽)

불평을 그만둔다고 긍정적인 변화가 일어날까요?

아프리카 속담에는 이런 말이 있다. "당신의 힘이 너무도 미미해서 어떤 것도 변화시킬 수 없다고 생각한다면, 모기가 있는 침실에서 잠을 청해보라."

불평은 부정적인 에너지를 퍼뜨린다. 부정적인 에너지는 긍정적인 열매를 맺을 수 없다. 같은 이치로 당신이 불평을 감사와 축하로 바꾼다면, 당신 삶의 모든 긴장, 흥분, 불안의 순간들이 사라질 것이다. 무겁고 아슬아슬한 삶에서 가볍고 자유로운 삶으로 나아갈 것이다. 이것은 내 블로그의 메시지와도 일맥상통한다. 나는 블로그에서, 삶이란 가꿔야 할 정원과 같다고 이야기했다. 정원에 당근 씨앗을 뿌리면 당근을 거둬들일 것이다. 딸기를 기대할 수는 없는 노릇이다.

우리 삶도 마찬가지이다. 불평하면 좌절감과, 부정적인 태도, 판단, 피해자의 씨앗을 심는 것이다. 그러면 당신의 삶에서 평온함, 행복, 존중, 성공을 거두리라 기대할 수 없다. 달라이 라마는 말했다. "내면의 규율을 강화하면 우리의 태도, 이해, 존재 방식을 변화시킬 수 있다. [...] 우리는 고통으로 이끄는 요소들을 격려하는 것부터 시작할 수 있다. 그런 다음 조금씩 고통의 요소들을 제거하고, 행복으로 이끄는 것들을 가꿔나가는 데 전념할 수 있다. 이것이 가야 할 길이다."

불평을 그만두는 도전은 어떤 식으로 우리의 삶을 바꿀까? 한 가지 예를 들어보겠다. 시간을 조금만 되돌려 내가 도전을 끝냈을 당시의 이야기를 해보겠다. 두 달의 시도 끝에 나는 연속 17일 동안 불평 없이 지내고 있었다. 부모님과 가족들과 함께 사촌의 결혼식에 참석한 날이었다. 우리는 강변에서 식사 중이었고, 내 마음은 행복으로 가득했다. 나는 터질 듯한 기쁨과 자유를 느꼈다. 매 순간을 음미했다. 그날은 분명 여러 가지 일 때문에 복잡한 하루였지만, 나는 하루하루 행복의 씨앗을 가꾸는 습관이 들어 있었다. 이제는 좌절감을 키우거나, 거기서 벗어나지 못하는 일이 거의 없었다.

그런데 호텔에서 문제가 발생했다. 인터넷에서 검색해 예약한 호텔방과 전혀 딴판이었다. 사진은 정말 근사했는데, 실제로 보니 상업지구의 주차장 부근에 있는 호텔이었다. 게다가 차가 막혀서 몇 시간을 길에서 보내야 했다. 한 주간 집중적으로 일한 탓에 너무 피곤했다. 못 본 지 몇 주나 된 남편의 얼굴도 몹시 그리웠다.

그러나 이 도전 덕분에 이런 일들에 연연해하지 않을 수 있었다. 지금 이 순간을 음미하고 감사하며, 이 아름다운 하루를 즐기는 게 더 좋았다. 물론 어느 순간 마음이 약해지는 느낌이 들었다. 그 느낌은 굉장히 강렬했고, 일상적이지 않았다('네가 그런 행복을 누릴 자격이 있어? 안 좋은 일이 생겨서 모든 걸 망쳐버리면 어쩌지'라고 속삭이는 작은 목소리가 들려왔지만, 나는 곧 이 목소리를 잠잠하게 만들어버렸다).

나는 너무도 행복했고 현실에 충실했다. 이것이 바로 내 삶에서 충만함을 경험하며 보낸 하루이다. 이 도전을 통해 나는 깊은 행복에 접근할 수 있음을 강렬하게 느꼈다. 나는 내 뇌에 강력한 경로를 만들어주었다. 이 경로는 새롭고도 달콤하며 강렬한 행복을 경험하게 해주었다.

그렇다면 이 도전은 넓은 의미에서 사회에 어떤 영향을 미칠 수 있을까? 우리가 하는 말은 삶에 지대한 영향을 끼친다.

이 땅에 사는 모든 사람들이 정확하고 진정성 있는 말을 한다면, 현실은 완전히 달라질 것이다. 사소한 오해들을 대수롭지 않게 생각할 수 있다면 어떤 일이 벌어질까? 삶을 우리에게 주어진 선물로 보고, 자신의 삶을 주도할 수 있다면 어떨까? 자신에게 불편한 것들을 고치려고 최선을 다한다면? 반대로 아무것도 할 수 없다면 적어도 우리의 태도는 바꿀 수 있지 않을까?

마야 안젤루Maya Angelou는 말했다. "뭔가가 마음에 들지 않는다면 그것을 바꿔라. 그것을 바꿀 수 없다면 태도를 바꿔라. 불평하지 마라."

이 도전을 통해 우리는 불평 대신, 원하는 것을 결정하고 더 나은 삶을 위해 투자하게 된다. 불편함에 집중하는 대신 더 즐거운 삶을 만드는 데 관심과 에너지를 집중하게 된다. 이처럼 우리는 다음과 같이 할 수 있다.

- '어질러진 집 안'에서 '정돈된 집 안'을 위한 행동 계획을 실천하는 방향으로 나아갈 수 있다.
- '열차가 지연된다고 불평하는 것'에서 '마음을 가라앉힐 수 있는 방법을 찾는 방향'으로 나아갈 수 있다(책을 가지고 다니거나, 좋아하는 영화를 다운로드 받거나, 이어폰을 가지고 다니거나, 언제 어디서든 일할 수 있게 인터넷이 연결되는 스마트폰을 구매한다거나, 스쿠터를 사거나,

직업을 바꿀 수 있다).

- 피해자에서 자기 삶의 주인으로 변모할 수 있다.
- 사소한 고통들을 마음속에 쌓아두는 것에서, 삶의 행복을 만끽하는 쪽으로 바뀔 수 있다.

온 세상 사람들이 이런 일들을 할 수 있다면, 문제보다는 해결책에 집중할 수 있을 것이다. 그러려면 불평이 과연 자신에게 적합한 방법인지를 스스로 묻고 평가해야 한다. 불평할 때 뭔가 중요한 것을 놓치고 있지는 않은가? 불평을 그만둠으로써 우리 사회는 무엇을 얻을 수 있는가?

한 나라 전체가 불평을 그만둘 수 있다고 믿는 것은 유토피아에서나 가능할지 모른다. 그러나 이 유토피아는 나를 들뜨게 한다. 오스카 와일드는 말했다. "유토피아가 없는 세계지도는 쳐다볼 가치도 없다."

다른 사람이 불평을 그만두게 할 수 있을까요?

사람들은 위 질문을 자주한다. 자기 눈의 들보보다는 남의 눈의 티끌이 더 눈에 띄는 법이다. 그러나 변화는 자기 자신에서 시작된다. 먼저 이렇게 자문하라. "나는 불평을 많이 하는가?" "지금 내가 불평하는 정도가 적절하다고 생각하는가?" "불평을 적게 하는 것이 이득이라고 보는가?"

당신이 보기에 불평이 너무 많은 동료, 배우자, 부모, 친구가 있다면 먼저 자신부터 관찰하라. 그 사람이 불평한다는 사실을 불평하기 전에(29쪽 참조), 더 나아지기를 바라는 뭔가가 있는지 살펴보라.

일상에서 짜증 나는 일이 있다면 스스로 상황을 바꿔야 한다. 주변에 불평꾼들이 잔뜩 있고 그 때문에 짜증이 난다면, 당신도 불평꾼이 될 확률이 굉장히 높다. 비록 당신은 별로 불평을 하지 않더라도, 불평을 민감하게 느낄 수는 있다. 그렇다면 자신의 불평을 없앴을 때 아마도 삶에 큰 영향을 받을 것이다.

먼저 손목에 팔찌를 차고 도전을 시작하라. 불평을 얼마나 하는지 솔직하게 헤아려라. 자신을 판단하지 마라. 당신을 판단할 사람은 누구도 없다. 당신 자신을 위해 겸손해지고, 자신을 믿어라. 생각했던 것보다 훨씬 더 많이 불평한다는 사실을 깨닫게 될 것이다.

불평을 그만둠으로써 삶이 변화하기 시작할 때(당신이 그렇게 불평을 많이 한다고 생각하지 않더라도), 당신은 긍정적인 삶의 모범이 될 수 있고 주변 사람들에게도 귀감이 될 것이다. 당신이 불평에 합류하지 않는다면 남들도 당신 주변에서 불평을 덜 하게 될 것이다.

엘로디 "오늘 아침에 나는 투덜거리면서 일어났어요. 옷을 입어야 하는데 머릿속이 하얘졌죠. 그러다 이런 생각이 들었어요. '좋아. 온종일 이런 식으로 지내다간 다 망쳐버릴 거야. 오늘이 일요일이니까 친구를 만나거나, 책이나 읽어야지.' 그리고 이 블로그에 들어오게 되었죠. 불평을 그만둔다!!!! 나와 내 주변 사람들의 하루가 밝아질 거예요! 당신으로부터 수천 킬로미터나 떨어져 있는 곳에서 기분 좋은 하루를 시작하게 해준 크리스틴에게 감사! 사랑해요!"

이 도전은 당신을 위한 것이다. 거울을 들여다보고 어떨 때 당신이 불평하는지 생각해보라. 오늘 불평했는가? 이번 주는 어땠는가?

Tip 불평은 입냄새와 비슷하다. 다른 사람 입에서 나는 냄새는 맡을 수 있지만, 자기 입에서 나는 냄새는 맡지 못한다. 그러니까 당신부터 모범을 보여라.

죽을 때까지 불평하면 안 되나요?

잘 기억하라. 그것은 절대 이 도전의 목표가 아니다. 남은 생 동안 불평하지 않겠다는 생각에 반대하지는 않지만 말이다!

이 도전의 목적은 습관을 바꿀 수 있게 돕는 것이다. 그럼으로써 연속 21일 동안 불평을 용납하지 않는 것이다. 그것이 습관이 되면 불평할 이유가 거의 없다는 것을 자연스럽게 깨달을 것이다.

불평도 의미가 있다고 강하게 주장하는 사람들도 있다. 나도 동의하긴 하지만, 이런 핑계 뒤에 숨지 말라고 경고하고 싶다. 정신을 바짝 차리고 당신의 불평을 분석해보라. 아마도 쓸모없고, 때로는 해롭기까지 하다는 걸 아주 쉽게 확인할 수 있을 것이다. 당신은 불평함으로써 다른 사람을 벌주는 거라고 믿지만, 실제로는 자기 자신을 벌주는 것이다.

하지만 당신이 인생의 혹독한 시기를 건너고 있다면(슬픔, 극심한 고통, 우울, 깊은 불만족 등), 어쩌면 그때가 이 도전을 시작하기 가장 좋은 기회일지 모른다. 당신에게 필요한 도움을 찾아라(심리학자, 의사, 코칭 전문가, 당신이 속한 종교단체의 대표자 등). 혼자 있지 말고 도움을 청하라.

시련을 겪고 있지 않은 독자들에게는 이렇게 묻고 싶다. 여러분은 21일 연속 불평 없이 살고 싶은가?

나는 여러 차례 실패를 겪었지만 21일 뒤에는 내 어깨 위에 놓인 불평의 무거운 짐을 벗어버린 것 같았다. 이제 내 영혼은 좀 더 가벼워졌고, 특히 진심으로 중요하게 여기는 것 즉 내 삶에 에너지를 쏟을 수 있었다.

솔직히 불평을 한 적도 있지만, 전보다는 훨씬 줄었다. 불평을 용납하지 않는 이 도전으로 내 반응 방식이 바뀌었다. 특히 불평들이 나와 내 주변 사람들에게 깊은 영향을 미친다는 것을 깨달았다. 따라서 불평이 나오려고 하면 그 즉시 삼켜버리고, 그 자리에서 양해를 구한다.

이제는 내가 '불평을 허용하는 영역'이 확연히 줄었다고 말할 수 있다. 도전하기 전이었다면 했을 법한 행동들을 이제는 허용하지 않는다. 불평은 나와 내 삶에 대한 존중감의 부족을 알리는 신호이기 때문이다.

몇몇 친구들은 불평하거나, 심지어 나를 불평하게 부추기면서 깜짝 놀래키려 애쓴다. 최근에 도로가 막혀 차 안에 꼼짝없이 갇힌 적이 있었다. 그런데 조수석에 앉은 친구가 안절부절못하고 있었다. 갑자기 그녀가 나를 보며 말했다. "이러니까 불평이 나오지, 안 그래?" 이 말에 나는 깜짝 놀랐다. 나는 손톱만큼도 불평하고 싶은 마음이 들지 않았고, 뱃속이 뒤틀리지도 스트레스를 받지도 않았다. 교통체증 속에서 지나간 순간을 그냥 그대로 경험했다. 당신도 이 도전을 시도하고, 이 도전이 삶에 어떤 영향을 미치는지 보고 싶지 않은가?

나는 훈수를 두려거나, 강요하려는 게 아니다. 불평이 당신의 행복에 보탬이 된다고 생각한다면 계속 불평하라(어쨌거나 가능한 일이긴 하다)! 나는 단지 당신 자신을 중심에 세우고,

일상을 관찰하고, 이렇게 묻고 싶을 뿐이다. "당신은 인생을 즐기고 있는가 아니면 고통받고 있는가? 당신은 삶을 만끽하고, 나날을 즐기고 있는가? 반대로 늘 뭔가 더 좋고 더 나은 것, 뭔가 다른 것을 기대하는가? 당신은 하루에 몇 번이나 불평하는가?"

당신은 자신의 재판관이다. 나는 강요하려고 여기에 있는 게 아니다. 자신에게 솔직해져라. 당신이 불평을 많이 한다면, 그리고 당신이 변화하고 싶다면 그것은 당신에게 달려 있다.

마티아스 "나는 '불평하다'라는 단어가 '항의complaint'와, 좌절하고 만족하지 못한 '자기표현'을 절충한 표현이라고 생각합니다. 항의는 실질적으로 상황을 바꾸지 못하고, 좌절하고 만족하지 못한 자기표현은 다른 사람에게 책임을 떠넘기는 것이죠. 여하튼 나는 내가 불평하고 있다는 걸 잘 알아채요. 그것은 뭔가 부정적인 것과 연결되어 있죠. 당신이 말한 것처럼 자신 안에 존재하지만, 존재하면 할수록 변화를 원하지 않는 좌절감도 연결되어 있어요.

그러니까 불평은 문제 해결에 도움이 안 되고 비생산적이에요. 하지만 이건 내 생각일 뿐이에요. 어쩌면 불평이 변화에 도움이 된다고 생각하는 사람도 있을 거예요. 그러나 내 생각은 달라요. 불평은 내 마음속에서부터 나를 오염시키니까요!"

이 도전을 하고 싶다면, 당신이 호기심이 많고 당신의 삶이 어떻게 바뀔지 알고 싶다면, 결정은 당신의 몫이다. 이 도전을 하면 좋은 일이 생길 거라고 나는 300퍼센트 확신한다. 당신은 그렇게 생각하지 않는가?

기억하기   당신이 험담을 하고 있다면, 세 여과기의 시험을 기억하라.

사실 : 우리가 말하고자 하는 것이 사실인가?
좋은 것 : 우리가 말하고자 하는 것이 좋은 것인가?
유익함 : 그 이야기를 공유하는 것이 유익한가?

사실이 아니고, 좋지도 않고, 유익하지도 않은 이야기를 무엇 때문에 하는가?
인내심을 가지고, 자신을 판단하지 마라.
도전은 당신으로부터 시작된다. 다른 사람이 불평한다고 비난하는 것은 아무 소용이 없다.
당신과 함께 도전하는 사람이 불평한다면, 그 사실을 그에게 알려줄 수 있다. 그러나 이 말을 하고 나면 당신도 팔찌를 옮겨 차야 한다. 처음부터 다시 시작하는 것이다.
이 도전에 뛰어들었다면, 당신은 사회 전체의 정신을 바꾸는 일에 참여하고 있는 것이다.

이 책을 통해 알게 된 것과 일상에 적용할 수 있는 것 :

챌린지

불평을 그만둔다, 도전 시작!

이제 우리는 엄밀한 의미에서 도전에 다가가고 있다! 당신의 목적은 불평 없이 연속 21일을 보냄으로써, 습관을 뿌리 뽑고 당신의 뇌에 새로운 경로를 만드는 것이다. 이제 당신은 불평으로 반응하지 않게 될 것이다. 피해자의 위치에서 벗어나 삶을 주도하고 삶을 한껏 음미할 수 있을 것이다.

다음에 제시하는 첫 번째 챌린지는 '워밍업'을 위해 준비했다(단계별 키워드 : 첫걸음). 이 단계는 도전 초기에 해보라. 이어지는 모든 챌린지들을 수행하면, 당신을 성공으로 이끌어주는 요소별 키워드에 접근할 수 있을 것이다.

- 불평을 그만두는 것이 모든 것을 받아들인다는 뜻은 아니므로, 한

계를 설정하고 다른 소통 방법을 생각하라(단계별 키워드 : 소통 방식을 바꾸다).

- 아무것도 할 수 없는 상황에 대해서는 내려놓고, 실질적인 영향을 끼치는 상황에 대처할 수 있도록 삶을 주도하라(단계별 키워드 : 내가 바꿀 수 있는 것을 바꾸다).

- 삶이 당신에게 베푼 것에 감사하라(단계별 키워드 : 불평을 감사로 바꾸다). 이 마지막 챌린지들은 불평의 표현을 감사의 단어로 바꾸고, 당신이 품고 있는 원대한 이상에 생명력을 불어넣도록 초대한다.

행운을 빈다!

이 챌린지를 시작하기 전에, 마지막으로 이야기 한 편을 읽고 함께 명상해보자.

랍비의 선물

어려운 시절을 견뎌낸 한 수도회의 이야기이다. 17~18세기에 종교박해가 파도처럼 밀려들면서, 한때 융성했던 한 수도회 교단의 모든 수도원들이 폐쇄되고 수도사들도 몰살당하고 말았다. 고작 수사 다섯만이 다 허물어져가는 수도회 본부에 머물고 있었는데, 수도원장과 네 명의 수사들은 모두 일흔을 넘긴 고령의 노인들이었다. 누가 봐도 이 수도회는 명맥을 유지하기 힘들어 보였다.

수도원을 둘러싼 울창한 숲에는 작은 암자가 하나 있었는데, 이 웃마을에 사는 랍비가 가끔 찾아와 그곳에 칩거하곤 했다. 나이 많은 수사들은 오랜 세월 기도와 묵상으로 영성을 쌓아왔기에, 이들은 언제 랍비가 암자에 오는지 언제나 보지 않고도 알 수 있었다. 그들은 "랍비가 숲에 왔어. 그가 돌아왔다고"라며 자기들끼리 속삭이곤 했다. 수도회의 앞날이 얼마 남지 않았음을 안타까워하던 수도원장은 어느 날 암자에 은거하고 있는 랍비를 찾아가야겠다고 생각했다. 혹시라도 수도회를 살릴 수 있는 방법이 없는지 조언을 구할 참이었다.

랍비는 수도원장을 반갑게 맞아들였다. 그러나 수도원장이 찾아온 목적을 털어놓자, 랍비는 수도회의 어려운 형편을 안타까워할 따름이었다. 그러고는 이렇게 한탄했다. "상황이 어떤지 저도 잘 압니다. 사람들에게서 성령이 떠나버렸지요. 제가 사는 마을도 마찬가지랍니다. 회당에 나오는 사람이 거의 없답니다." 늙은 랍비와 늙은 수도원장은 마주 앉아 함께 한탄했다. 그러고는 토라(유대교 경전)를 펼쳐 읽고는 마음속 깊은 얘기를 나직이 나누었다. 수도원장이 돌아갈 시간이 되었다. 두 남자는 서로 껴안았다.

수도원장이 말했다. "오랜만에 이렇게라도 만나게 되어 정말 좋았습니다. 그런데 오늘 제가 방문한 목적은 달성하지 못했군요. 이 죽어가는 수도회를 살리는 데 도움이 될 어떤 조언이라도 해주실 수 없는지요?"

랍비가 대답했다. "유감스럽게도 드릴 말씀이 없군요. 조언해드릴 만한 게 없어요. 다만 제가 말씀드릴 수 있는 것은 '구세주가 여러분 중에 있다'는 것입니다."

수도원으로 돌아온 수도원장을 둘러싸고 수사들이 물었다. "그래, 랍비가 뭐라고 하던가요?"

수도원장은 이렇게 털어놨다. "그도 우리를 도울 수 없답니다. 그저 함께 슬퍼하며 토라를 읽었지요. 그런데 내가 암자를 나설 때 딱 한마디 하더군요. 조금 괴이한 말이었어요. '구세주가 우리 가운데 있다'고 했어요. 하지만 그게 무슨 뜻인지 모르겠습니다."

날이 가고, 주가 가고, 달이 바뀌면서 노승들은 랍비의 말을 곱씹어보았다. 그러면서 그게 과연 무슨 뜻으로 한 말이었을까 곰곰이 생각했다.

'구세주가 우리 중에 있다고? 정말 이 수도원에 있는 우리 수사 중의 하나를 두고 한 말이었을까? 그렇다면 누구란 말인가? 수도원장을 두고 한 말인가? 그래, 누군가를 두고 한 말이라면 분명 수도원장 형제를 말하는 걸 거야. 그는 한 세대가 지나는 긴 세월 동안 우리의 인도자였으니까. 아니면 토마스 형제를 말한 것일지 몰라. 토마스 형제는 확실히 거룩한 사람이니까. 토마스가 빛나는 영을 지닌 사람이라는 건 누구나 알고 있지. 하지만 엘레드 형제는 분명 아닐 거야. 엘레드는 가끔 성깔을 부리곤 하니까. 그런데 잘 생각해보면, 그가 사람들을 괴롭히긴 해도 결과적으로는 언제나 옳은 말만 하거든. 실제 그가 맞는 말을 한 것이 대부분이었지. 아마 랍비는 엘레드 형제를 가리켜 한 말일 거야. 그래도 필리프 형제는 확실히 아니야. 필리프는 너무 소극적이고, 있는지조차 알 수 없는 사람이거든. 그런데 누구든 그가 필요할 때 그는 그 자리에 있어. 그건 정말 신비한 능력이지. 요술을 부린 것처럼 그 자리에 나타나니까. 필리프가 구세주일지도 몰라! 확실한 건 랍비가 나를 두고 한 말은 아니라는 거야. 그게 나일 리 없어. 나는 그저 평범한 사람이니까. 그래도 혹시 나를 두고 한 말이라면? 내가 구세주라면? 오 하느님, 저는 아닙니다. 제가 당신 앞에 그렇게 대단한 사람일 리 없지 않습니까?'

이런 식으로 생각하면서, 노승들은 자기들 중 누군가가 구세주일지 모른다는 생각에 서로를 각별히 공경하는 마음으로 대하기 시작했다. 확률이 희박하긴 하지만 혹시 자신이 구세주일지도 모르기 때문에, 각자 자기 자신을 무한한 존경심을 가지고 대했다.

수도원이 있는 숲은 무척 아름다웠다. 그래서 이따금 사람들이 수도원의 작은 잔디밭으로 소풍을 나왔고, 오솔길을 따라 산책을 하거나 폐허가 된 수도원에 들어가 묵상을 하기도 했다. 이런 와중에 사람들은 그 다섯 수사들을 둘러싼 존엄한 후광을 부지불식간에 감지하게 되었다. 그 후광은 수사들의 인품에서 퍼져나와 수도원의 정신으로 승화된 듯했다. 이런 현상은 감히 저항할 수 없는 이

상한 매력이 있었다. 왜 그런지도 모르면서 이제 사람들은 수도원에 더 자주 찾아와서 소풍을 즐기거나 놀거나 기도를 드렸다. 그들은 이 특별한 장소를 보여주려고 친구들을 수도원에 데려오기 시작했다. 그 친구들은 또 다른 친구들을 데려왔다.

그러다 수도원을 찾은 몇몇 젊은이들이 노승들과 많은 대화를 나누게 되었고, 얼마 뒤 한 젊은이는 수도회에 입회할 수 있느냐고 물어왔다. 그다음에 또 다른 젊은이가 물어왔고, 이어서 또 다른 젊은이도 물어왔다.

그리하여 몇 년 사이 수도원은 전처럼 활기를 되찾았고, 랍비의 선물 덕분에 그 지역에서 빛과 영성이 흘러넘치는 수도회로 번성했다.

—— 스캇 펙

단계별 키워드 : **첫걸음**

일지 작성

다음에 제시하는 질문에 매일매일 답함으로써 자신의 경험을 글로 쓸 수 있다.
내게는 유용한 훈련이었다. 실제로 나는 매일 밤 다음의 질문들을 해보면서 그
날의 교훈을 얻었다. 그런 다음 블로그 독자들과 이 교훈을 나누었다.

1일

오늘 좌절감을 겪었다면 어떤 좌절감을 겪었나?

_____

_____

_____

왜 좌절감을 느꼈나?

_____

_____

_____

_____

충족되지 못한 진짜 욕구는 무엇인가?

_____

_____

_____

거기서 중요한 점은 무엇인가?

_____

_____

_____

_____

좌절감을 느꼈을 때, 불평했나?

_____

_____

_____

_____

불평했다면, 다른 방법은 없었을까? 어떤 점을 바꿔야 다음번에 불평하지

않을 수 있을까?

_____

_____

_____

_____

불평하지 않았다면, 나는 어떻게 행동했는가? 내 반응에 만족하는가?

_____

_____

_____

이런 식으로 이어나가면 된다.

챌린지
0 2 9

손목에 팔찌 차기

1단계

얼마나 불평을 많이 하는지 실제 횟수를 세려면, 팔찌를 차는 것이 좋다. 이 팔찌를 보면서 도전하고 있음을 기억할 수 있다. 팔찌는 뺐다 꼈다 하기 편한 것이 좋다. 팔찌가 없으면 천으로 감싼 머리끈이나 고무줄도 괜찮다.

2단계

자신도 모르게 불평하거나 투덜댈 때마다(마음속으로만 불평한 것은 포함하지 않는다), 팔찌를 다른 손에 옮겨 차고 처음부터 날짜를 다시 샌다. 처음에는 하루에도 몇 번씩 팔찌를 옮겨 차는 일이 생길 것이다. 나는 이것을 '춤추는 팔찌'라고 부른다. 그래도 용기를 잃지 말고, 자신을 믿어라! 이것은 정상적인 일이다! 이 훈련은 당신의 일상에서 불평의 자리와 무게를 충분히 인식하게 해줄 것이다. 끊임없이 팔찌를 옮겨 차다 보면 마음이 얼마나 괴로운지도 금방 알 수 있을 것이다. 이 팔찌를 볼 때마다 도전을 기억하고 동기 부여도 될 것이다!

3단계

21일 동안 당신의 팔찌가 한쪽 손목에만 머물러 있도록 하려면 인내심을 가져야 한다. 그러려면 분명 몇 주, 몇 달이 걸릴 것이다(하루아침에 담배를 끊을 수 없는 것과 마찬가지이다). 그러나 결국엔 팔찌가 필요 없게 될 것이다!

천천히 심호흡하다

챌린지
0 3 0

호흡은 생명과 직결된다. 안타깝게도 많은 사람이 스트레스를 받거나 화가 나면 호흡을 멈추는 습관이 있다. 호흡에 다시 집중하는 것은 문제가 생겼을 때 대처할 수 있는 가장 좋은 방법이다. 천천히 심호흡을 하는 것은 스트레스를 줄여주고 집중력을 높여주어, 외부에서 들어오는 정보들을 더 잘 저장하게 해준다는 연구 결과도 있다. 호흡을 효과적으로 조절하면 긴장을 푸는 데도 도움이 되고, 더 많은 산소를 뇌와 신체 곳곳에 전달할 수 있다. 그럴 때 우리의 욕구를 만족시킬 수 있는 여러 가지 방법들을 더 잘 찾을 수 있다.

담배를 피울 때 편안함을 느끼는 주된 이유 하나는 연기를 들이마실 때 길고 깊은 호흡을 하기 때문이라고 한다. 몸에 해로운 니코틴 없이 같은 방법으로

호흡한다면 우리 몸에 좋은 영향을 미칠 것이다.

1단계

불평하고 싶은 마음이 들 때, 지치고 짜증 날 때, 또는 단순히 산소 공급을 중단하고 싶은 마음이 들 때가 있다. 그럴 때는 배 밑에서부터 숨을 열 번 깊이 들이마셔라. 손을 배 위에 얹고 최대한 배를 크게 부풀리면서 숨을 내쉬어라.

2단계

몸속에 공기가 순환하는 느낌이 들 때까지 집중에서 반복하라. 코로 깊이 숨을 들이마시고, 가능한 한 길게 들이마신 뒤 입으로 내뱉어라.

3단계

규칙적으로 이 훈련을 반복하라. 단 한 번의 운동으로 몸을 만들 수 없는 것처럼, 의식적인 호흡도 일상적으로 몸에 배야 하는 규칙이다. 그뿐 아니라 호흡법은 언제 어디서든 실천할 수 있다는 이점이 있다. 사무실에서, 운전하면서, 지하철에서, 컴퓨터 앞에서, 혹은 책을 읽으면서도 할 수 있다!

생각하는 방식을 바꾸다

바이런 케이티가 자신의 웹사이트 '더 워크'에서 알려주는 훈련을 하면, 우리가 겪는 어마어마한 스트레스에서 벗어날 수 있다. 그녀는 현실을 문제 삼아 따지는 것은 아무 쓸모도 없다고 말한다. 그것은 마치 고양이가 개처럼 짖는 법을 배우길 바라는 것과 같다. "'더 워크'를 발견하러 온 사람들은 흔히 이렇게 말한다. '현실에 맞서길 그만두면 모든 힘을 잃게 되지 않을까? 쉽게 현실을 받아들이면 나는 수동적인 사람이 될 거야. 그러다 보면 능동적으로 행동하고 싶은 열망까지 죄다 잃어버릴 위험이 있어.' 그러면 나는 그들에게 질문으로 답한다. '그게 정말 사실인지 알 수 있나요?' 다음 두 방식 중 어떤 것이 더 강력한가? '내가 직장을 잃다니 있을 수 없는 일이야' 혹은 '나는 직장을 잃었어. 그럼 이제 뭘 할 수 있을까?'

'더 워크'는 있을 수 없는 일이라고 생각한 일도 일어날 수 있음을 보여준다. 일어났어야 할 일이므로 일어난 일이라면, 세상에 어떤 생각으로도 그것을 바꿀 수는 없다. 이 말은 그 일이 일어난 데 대해 변명하고 인정한다는 뜻이 아니다. 그저 내면의 투쟁에서 비롯된 혼란이나 저항 없이 상황을 바라보는 말이다. 누구도 자기 아이가 아프기를 바라지 않는다. 누구도 자동차 사고가 나기를 바라지 않는다. 그럼에도 이런 일들이 일어났다면, 어떻게 정신적으로 저항하지 않을 수 있을까? 우리는 지금보다 더 잘할 수 있지만, 어떤 일이 일어나지 않게 막을 방법을 모르더라도 더 잘 해낼 수 있다."[17]

아래의 지침들에 따라 당신이 불평하는 원인을 미리 적어두라. 그다음 '더 워크'의 질문들을 제기하면서 2단계로 넘어가라.

1단계 : 마음껏 판단하기

당신을 짜증 나게 하고 방해하며 슬프게 하고 실망시키는 사람에 대해 묘사하라.

예: "뱅상은 내가 하는 일마다 안 좋게 말하니까 정말 짜증 나. 그는 내 편을 들어준 적이 없어."

당신은 이 사람이 어떻게 바뀌길 바라는가? 어떤 일을 하길 바라는가 아니면 더 이상 하지 않길 바라는가?

예: "뱅상이 나를 존중해주고 믿어주면 좋겠어. 내가 그렇게 형편없는 사람이 아니고, 나도 좋은 생각을 할 수 있는 사람이란 걸 알아주면 좋겠어."

당신이 속 좁고 비판적인 사람이라면, 이 사람에 대해 어떻게 말하겠는가?

예: "남을 비판하기는 쉽지. 하지만 그도 별로 나을 건 없어. 아니, 하는 일이 없지. 내가 하려는 일마다 트집을 잡고 훼방을 놓지만, 그도 성공한 적이 없어. 그러니 나한테 조언할 처지는 아니지."

2단계 : '더 워크'에 나온 질문들

1단계에서 당신이 적은 내용에 대해, 아래의 네 가지 요점에 따라 질문하라.
그 내용이 사실인가?

그 내용이 사실이란 걸 확실히 알 수 있는가?

그 생각이 사실이라고 믿는다면, 그런 일이 일어날 때 어떻게 반응하겠는가?

그렇게 생각하지 않는다면 당신은 어떤 사람이 될까? 이런 반응은 무엇을
드러내는가? 당신의 느낌은 어떤가?

3단계 : 뒤집어보기

당신이 한 말을 뒤집어서 반대의 경우를 생각해보자. 뒤집어 생각할 때마

다, 그것이 당신의 삶에서 진짜 일어난 일인 것처럼 진실되고 정확한 예를 세 가지 찾아보라.

예: '뺑상은 내 편을 들어준 적이 없어'라는 말은 '나는 뺑상 편을 들어준 적이 없어' 혹은 '나는 내 편을 들어준 적이 없어' 또는 '뺑상은 내 편을 들어줬어'로 바꿀 수 있다.

_____

_____

_____

_____

상황을 뒤집어보는 이번 단계의 훈련은 상황에 따라 입장을 바꿀 수 있다는 걸 깨닫게 해준다. 이는 곧 '해방'의 단계라 할 수 있다. 이를 통해 우리의 '이야기'와 판단으로부터 벗어날 수 있다. 우리의 진실과 다시 연결되고 타인의 피해자가 되는 것을 멈출 수 있다.

챌린지 032

미니 챌린지 :
불평의 단어를 희망과 용기의 단어로

이 도전을 시작하는 좋은 방법은 21일이라는 날짜에 너무 얽매이지 않고 차근차근 해나가는 것이다. 이 미니 챌린지는 일종의 워밍업과 같다. 단 하루 동안 불평을 희망의 단어들로 바꿔보라. 그러면 삶에 대한 믿음이 되살아날 것이다. 불평을 친절의 단어들로 바꿔보라. 그러면 친절해진 자신을 확인하게 될 것이다. 불평을 용기의 단어들로 바꿔보라. 그러면 용감해질 것이다.

하루를 마무리할 때, 아래 세 가지 질문에 답해보라.

오늘 당신은 불평을 어떤 생각들로 대신했나?

이 목표에 도달했는가?

목표에 도달하지 못했다면, 무엇 때문에 도달하지 못했는가?

좌절감과 욕구를 구분해서 표현하라

솔직히 우리는 주로 다른 사람들 때문에 불평한다. 그들이 어떤 일을 해서(혹은 하지 않아서) 우리의 욕구가 충족되지 않을 때 불평한다. 다음은 마셜 B. 로젠버그의 비폭력 대화법에 기초한 과제이다. 어떻게 하면 불평 없이 소통하고 의사를 전달할 수 있는지 이해하는 데 도움이 될 것이다.

1단계

당신의 삶에서 누군가 당신이 원하는 대로 행동하지 않아서 생기는 반복적인 불평을 생각해보라. 당신의 행복에 보탬이 되었거나 그렇지 않은 상황을, 타인에 대한 판단을 배제하고 묘사하라. 반드시 '나'라는 단어를 써서 표현하라. 특히 비난조로 '너'라는 표현을 쓰지 않도록 하라('너'라는 말에 사람 목숨이 달려 있다!).

예: "내가 탁자 위에 물건들이 어질러져 있는 걸 보았는데…."

내가 본 것은 :
_____

_____

_____

2단계

이런 상황에서 당신이 어떻게 느끼는지를 표현하라.

예: "나는 낙담하고, 실망하고, 분노하고, 꼼짝할 수 없는 기분이 들었어."

내가 느낀 것은 :

_____

_____

_____

_____

3단계

이제 본격적으로 시작해보자! 지금부터 만족되지 못한 욕구를 표현해보라.
당신의 욕구는 다른 사람이 뭔가를 해주는 것이 아님에 주의하라.

예: "나는 정리정돈을 원해. 스트레스를 덜 받았으면 좋겠어. 사람들이 내 말을
귀담아듣고 있다는 느낌을 받으면 좋겠어."

내게 필요한 것은 :

_____

_____

_____

_____

4단계

당신의 행복에 보탬이 될 수 있는 일에 초점을 맞추어 당신의 요구를 명확
히 표현하라. 단 강요하면 안 된다. 긍정적인 언어로 구체적인 행동을 묘사

하라. 또한 '저녁식사 전에 혹은 주말 전에'처럼 언제 그 행동이 행해지기를 바라는지 구체적인 시간을 지정할 수 있다. 당신은 명령을 내리는 것이 아니며, 당신이 요청한 것을 타인이 거부할 수 있음을 명심하라.

예: "자기가 먹은 그릇은 직접 싱크대에 갖다놓고, 시리얼 상자는 학교 가기 전에 제자리에 놓아주면 좋겠어."

내가 바라는 것 :
_____
_____
_____
_____
_____

5단계

당신의 요청은 받아들여지지 않을 수도, 이해받지도 못할 수 있다. 그럴 경우에는 협상을 통해 합의점을 찾아야 한다. 상대방이 당신의 요구를 들어줄 준비가 되어 있지 않다면, 계속해서 욕구를 충족시킬 방법을 찾으면서 차근차근 상대방의 생각을 이해해야 한다. 이제 당신은 협상 단계에 들어섰다. 당신이 찾게 될 해결책은 원래의 요구사항과 아무 관련이 없을지 모른다. 하지만 당신의 욕구는 충족될 것이다.

예: "우리 아이는 신발을 신고 가방을 챙겨야 해서 시간이 없다고 말한다. 그러면 우리는 합의점이나 다른 해결책을 모색할 수 있다. 전날 저녁에 학교 갈 준비를 하도록 도와주는 것이다."

해결책 :
_____
_____
_____
_____

압력이 폭발하는 것을 피하다

압력이 상승하는 걸 느낄 때, 물 한 방울로 물병의 물이 흘러넘칠 때, 말이 지나치게 많아질 때, 당신은 한계에 도달하고 있는 중이다! 이런 순간일수록 비폭력 대화법을 사용할 여유가 부족해진다. 이때 궁지에 몰려 소리를 지르거나 불평하지 말고, 노래를 불러보라. 좋아하는 노래를 택해 가사를 바꿔서 불러볼 수 있다. '나'라는 단어를 사용해서 표현하도록 주의하라. '나는 질렸어' 라라라, '나는 열 받아' '그건 나랑 전혀 안 어울려' '그만해야 해' 라라라 '나는 필요해…'.

뒷담화를 여과기로 거르다

뒷담화, 험담, '소문'은 가정이든 친구들끼리든 사무실이든 어디에나 존재한다. 험담의 물꼬를 틀 때, 험담에 가담하거나 험담을 나눌 때, 우리는 대개 자신을 가치 있는 사람으로 만들려 한다. 혹은 그 자리에 없는 사람을 깎아내리면서 주변 사람들과 관계를 맺으려 한다. 이 두 가지 욕구는 아주 자연스러운 것인 데 비해, 그 욕구를 만족시키기 위한 전략은 전혀 자연스럽지 않다. 정확한 말의 가치와, 침묵과 호의의 미덕을 간과하기 때문이다.

1단계

당신이 시작한 험담을 적어보라. 당신이 참여한 것이나, 최근에 이야기한 것에 대해 써라. 당신 자신을 판단하지 말고 써보라.

2단계

이 험담으로 당신이 만족시키고자 했던 욕구가 무엇인지 파악하라.
예: "나도 그 모임에 끼고 싶었다."

3단계

세 가지 여과기 시험을 해보라(245쪽 참조). 그러고 나서 1단계의 험담을 되풀이해보라.

1. 소문은 사실이었나?

2. 무슨 근거로 그런 말을 했나?

3. 그 소문은 당사자에게 호의적인 것이었나? 그것이 그 사람에게 어떤 영향을 미쳤는가?

_____

_____

_____

_____

_____

4. 그 소문은 다른 사람들에게 중요한 정보를 제공했는가?

_____

_____

_____

_____

_____

4단계

이 소문으로 당신이 만족시키고자 했던 욕구와 2단계에서 파악한 욕구를
다시 생각해보라. 그 욕구를 만족시키기 위해 어떤 다른 전략을 쓸 수 있었
을지 상상해보라.

_____

_____

_____

_____

_____

5단계

이제 소문이 뜻하지 않게 당신의 삶을 침범한다면 어떻게 반응할지 예상해 보라(그 소문의 진원지가 당신일 수도 있고, 다른 사람이 전달한 것일 수도 있다). 그런 일에 가담하지 않고, 소문이 퍼져나가지 않도록 어떤 말을 하고 어떤 행동을 할 것인가?

오해를 해소하다

가까운 사람의 행동(이나 말)을 잘못 해석하고 부정적인 의미를 부여하게 되는 일이 있다. 그럴 때 우리는 자신이 피해자라며 불평한다. 소통이 부족하면 오해가 생기기 마련이다. "너도 잘 알잖아. 그가 나한테 이렇게 했어…. 그러더니 감히 그런 말을 하더라고." 다음 훈련은 살면서 생기는 오해를 해소하는 데 도움이 될 것이다.

1단계

그 사람이 한 일(혹은 하지 않은 일)을 묘사하라.

예: "그녀가 오늘 아침에 나한테 인사를 안 했다."

2단계

당신이 느낀 감정을 묘사하라.

예: "무시당한 것 같았다."

3단계

당신이 그 일에 부여한 '의미'를 묘사하라.

예: "그녀는 내가 친구라고 말했지만, 실제로는 필요할 때만 나를 찾는다."

4단계

상황을 좀 더 긍정적으로 해석해보라.

예: "그녀는 지금 큰 프로젝트를 마무리하는 중이라 정신이 딴 데 가 있었을 거야."

5단계

상황을 명확히 밝히고 스스로 만든 비극을 없애기 위해 어떻게 할 것인가?

예: "그녀에게 가서, 우리가 어떤 사이인지 물어볼 거야. 나에게 그녀가 어떤 의미인지도 말해줄 거야."

단계별 키워드 : 내가 바꿀 수 있는 것을 바꾸다

**챌린지
0 3 7**

표면적으로 불평하지 말고 핵심으로 들어가라

우리는 무언가에 대해 '표면적으로' 불평하는 일이 아주 흔하다. 우리는 이렇게 말한다. "일이 정말 지긋지긋해." "지하철, 일, 잠이라면 이제 아주 진절머리가 나." 하지만 이러한 불평들의 밑바탕에는 좀 더 근본적인 욕구를 채우고 싶은 마음이 도사리고 있다. 이 챌린지는 근원적 욕구를 파악해서 그 욕구를 채운다는 아이디어에서 나왔다. 사사건건 불평하다 보면 아무 일도 할 수 없기 때문이다.

1. 요즘 가장 많이 하는 불평을 적어라.
예: "직장 일이 지긋지긋해."

2. 다섯 가지 '왜?'라는 질문에 답하라. 단계별로 진행하라.
예:
· 직장 일이 왜 지긋지긋한가? -직장 분위기가 안 좋기 때문이다.

· 좋은 직장 분위기에서 일하는 게 왜 중요한가? -내가 주변 환경에 영향을 많이 받기 때문이다.

· 주변 환경이 안정적인 것이 왜 중요한가? -그래야 동기가 샘솟고, 더구나 험담하는 분위기에서 일하고 싶지 않기 때문이다.

· 험담을 안 하는 것이 왜 중요한가? -험담은 유치한 행동이며, 나는 우리가 더 나은 사람이 되어야 한다고 생각하기 때문이다.

· 더 나은 사람이 되는 게 왜 중요한가? -그렇지 않으면 직장 생활을 하기 힘들고, 도움이 될 수도 없기 때문이다.

3. 근본적인 욕구를 충족시키기 위해 한 가지 행동을 하라. 당신에게 실질적으로 유용한 어떤 행동들을 선택할 수 있을까?

해결책에 집중하라

다음의 질문에 답하라.

1. 가장 최근에 불평했던 상황을 생각해보라.

이런 상황에서 어떻게 느끼는지를 1~10점으로 적어라. '이 상황이 극히 불편하다'는 1점, '모든 것이 최선의 상태에서 최선으로 진행될 것이다'는 10점을 나타낸다. 당신이 1점을 주었다면 바로 3번 질문으로 넘어가라. 그렇지 않으면 2번으로 넘어가라.

2. 당신은 1점을 주지 않았다. 왜 1점을 주지 않았는지 그 이유를 상세하게 적어라.

예: "나는 어제 한 동료 때문에 무척 불쾌해서 싸울 뻔했다. 그 상황이 기분 나빴기 때문에 4점을 주었지만 1점은 주지 않았다. 여하튼 나 자신은 괜찮은 사람이라고 생각하니까. 그를 비난하고 몹시 책망하긴 했지만 나중에 그에게 사과했고, 어떤 점이 마음에 안 들었는지 설명하려고 했다."

---

3. 점수를 1점이라도 올리려면, 아주 사소하지만 어떤 일을 할 수 있는지 생각해보라. 신중히 생각해서 가능한 한 많은 일을 적어보라.

예: "4점에서 5점으로 넘어가기 위해, 지금 진행 중인 프로젝트를 망라하는 게시판을 만들 수 있을 것이다. 그렇게 하면 동료는 먼저 할 일과 나중에 할 일을 더 잘 알아볼 수 있을 것이다. 결과적으로 나도 불평을 덜 하게 될 것이다. 또한 일주일에 한 번 금요일마다 카페에서 소규모 회의를 할 수도 있다. 그러면 서로 일하는 방식에 대해 함께 얘기를 나누면서 합의점을 모색할 수도 있을 것이다."

---

4. 당신이 작성한 것을 바탕으로, 만족도를 높이기 위해 앞으로 할 수 있는 아주 작은 일의 첫걸음은 무엇일까?

예: "내일 나는 게시판 아이디어를 동료에게 제시해서, 그가 좋다고 생각하는지 물어볼 참이다. 어쩌면 다음 프로젝트에 금요일 회의를 한번 시험해보고, 그러고 난 뒤 매주 해볼 수 있을 것이다."

목록으로 만든 몇 가지 행동부터 시작해보고, 좀 더 큰 만족감을 느꼈을 때 축하하라. 이 챌린지는 마크 매커고의 허락을 받아 '해결책에 집중하는 기술'에서 빌려온 것이다. 마크 매커고는 '더 솔루션 포커스'의 공동 설립자이자 강사이며 교육자이다.18

내려놓기

내려놓기는 상황에 굴복하는 비굴한 기술이 아니다. 내려놓기는 우리 힘으로 할 수 없는 일에서 눈을 돌려 삶의 외적인 요소들을 보라고 한다. 또한 상황을 바꾸려고 몸부림치다 나가떨어지지 말라고 한다. 내려놓기에 익숙해지면 금세 우리가 할 수 있는 일들, 즉 가장 중요한 것이 존재하는 삶의 영역에 집중할 수 있다.

1단계

당신이 할 수 없는 일(또는 하지 않은 일)에 대해 불평한 경우를 전부 나열하라(우리가 모든 문제를 다 해결할 수 있는 건 아니니까).

예: 대중교통의 지연, 견디기 힘든 동료, 할 일이 산더미 같은 한 주, 만나기로 약속한 친구에게 생긴 불상사 등.

1.

2.

3.

4.

목록을 작성했다면 주의 깊게 검토하여, 당신이 할 수 없거나 하고 싶지 않은 일들을 확인하라.

2단계

이 문제들에 대해서는 불평하지 않겠다고 굳게 결심하라. 그에 대해 불평하면 당신과 타인의 삶이 오염될 뿐이다. 1단계에서 작성한 문제에 대해서 이제 불평하지 않기로 다짐했다면 옆의 네모 칸에 표시하라.

1.   ☐

2.   ☐

3.   ☐

4.   ☐

앞으로 영원히 불평을 그만둔다!

이제 당신의 불평과, 계속 불평을 반복하는 이유를 전보다 더 잘 알게 되었을
것이다. 또한 이 도전의 기본 수칙은, 불평을 없애고 대신 긍정적이고 창조적
인 무의식적 행동을 자리 잡게 하는 것이다.

자, 이제 전속력으로 질주해야 할 시간이다.

1단계

다음 표의 첫 번째 세로줄에는 당신이 주로 하는 불평 세 가지를 적는다.

두 번째 세로줄에는 새로운 행동을 적는다(한 번도 시도해보지 않은 창의적인
일을 생각하라!). 그리고 이틀간 새로운 행동을 함으로써 더 나은 상황을 만
들겠다고 다짐한다.

아인슈타인이 말했듯이 "어리석은 행동이란, 계속 같은 일을 하면서 다른
결과가 나오기를 기대하는 것"이기 때문이다. 불평을 그만두려고 하면서
툭하면 불평이 튀어나오는 습관을 바꾸지 않는다면 절대 불평을 그만둘 수
없다. 또한 그로 인해 고통받게 될 것이다!

세 번째 세로줄에는 이 도전을 끝냈을 때 이야기할 만한 사람을 선택해 적
어라. 그 사람의 이름을 쓰고, 그가 당신을 응원해주리라 믿는다고 말하라!

불평 1	새로운 행동	지지자

불평 2	새로운 행동	지지자

불평 3	새로운 행동	지지자

2단계

첫 번째 세 가지 불평을 사라지게 하기 위한 행동에 성공했다면, 세 가지를
더 해보라. 봄맞이 대청소를 한 듯 산뜻한 기분이 들 것이다!

훌륭한 결심은 왜 흐지부지 될까?

우리는 더 나은 삶을 위해 어떤 일을 해야 하는지 정확히 알고 있다. 다이어트를 생각해보자. 누구나 살을 어떻게 빼야 하는지 알고 있다. 다이어트에 관한 무수한 책들을 읽을 필요도 없다. 문제는 결심을 실행에 옮길 때 생기는 저항감, 즉 하기 싫은 마음에서 비롯된다. 이 챌린지는 과거에 무엇이 당신의 행동을 막았는지 파악하게 해줄 것이다. 그러고 나면 문제는 당신의 의지력 부족과 전혀 관계 없음을 알게 될 것이다(휴우! 당신의 명예는 안전하다).

1단계

과거에 실행하려고 했지만 성공하지 못한 결심이나 목표를 여기에 적어라.
예: "공부를 다시 시작하고 싶다." "집안일을 하는 데 도움을 받고 싶다." "운동을 다시 시작하고 싶다."

2단계

왜 그 결심이나 목표를 제대로 이루지 못했는지 생각해보라. 목표를 다시 정하고 자신에게 이렇게 묻자. "이 목표에 도달하지 못하게 한 일은 무엇인가(혹은 하지 않은 일은 무엇인가)?" 솔직하고 정확하게 생각하자. 중요한 것은 절대 자신을 판단하지 않는 것이다. 단순히 상황을 사실에 근거해서 보는 것이다.

예: "운동을 시작하고 싶지만 항상 시간을 놓친다." "가족이 나를 더 많이 도와주면 좋겠는데, 언제나 결국 청소는 내 몫이다." "공부를 다시 하고 싶지만, 여러 학교를 돌아다니면서 나한테 맞는 과정을 선택하는 일을 하지 않았다." "살을 빼고 싶지만 과자나 케이크를 끊을 수가 없다."

목표에 도달할 수 없게 내가 한 일, 혹은 하지 않은 일은 무엇인가?

3단계

2단계에서 답한 내용과 반대되는 행동을 했을 때 어떤 두려움이 생기는지 파악하라.

예: "운동을 하러 가면 가족과 집에서 저녁을 먹을 수 없고 쉴 수도 없다." "다른

사람들한테 집안일을 도와달라고 하면 나를 게으름뱅이 취급할 것이다." "지금 이 상황에서 내가 공부를 다시 시작하면, 원래 하던 일에서 벗어날 뿐 아니라 공부를 마치지 못할 수도 있다." "디저트를 더 이상 먹을 수 없다면 삶이 너무 우울할 것 같다."

내 목표에 대한 두려움은…

_____

_____

_____

_____

_____

_____

4단계

당신이 어떤 믿음을 구축했을 때 3단계에서 묘사한 두려움이 커졌는지 살펴보자.

예: "나는 저녁에 집에 없기 때문에 좋은 부모가 아니다." "내가 도와달라고 요청하면 집안 분위기가 가라앉는다." "나는 그렇게 똑똑하지 않아. 그래서 더는 배울 수 없어." "이제는 마음껏 먹을 수 없으니 더는 요리도 즐겁지 않을 거야."

내 목표를 이루지 못하게 막는 믿음은…

_____

_____

당신이 과거에 결심한 것을 이루지 못했다면, 그 결심만큼이나 중요한 다른 목표들과 욕구들이 서로 충돌했기 때문이다. 4단계를 마치고 나면 이런 사실들을 확인할 수 있을 것이다. 즉 당신의 의지가 부족해서가 아니다. 당신은 이 목표를 이루고 싶지만 다른 목표가 있다. 좋은 부모가 되는 것, 가정의 평화를 지키고 싶은 마음, 실패하지 않고 싶은 마음, 삶을 즐기고 싶은 마음 등.

당신의 목표와 충돌하는 욕구를 나열하라.

5단계

이제 이 두 가지 목표를 한데 합치는 것이 가능한지 생각해볼 차례이다.

1. 3단계와 4단계에서 파악한 당신의 두려움과 믿음을 되돌아보고, 이렇게 물어라. "그것이 사실인가?"

내 목표를 거부하는 두려움과 믿음은 근거가 있는가?

_____

_____

_____

_____

_____

2. 그 두려움이 근거 없음을 받아들이면 목표를 추진할 수 있다고 생각하는가? 부정적인 믿음을 더 많은 가능성으로 바꾼다면 어떨까? 새로운 가치체계를 구축한다면 당신의 삶을 더 견고하게 만들고 불평을 덜 하게 될 것이다.

예: "가족과 함께 보내는 시간은 양이 아니라 질이 중요하다. 내가 나 자신을 돌본다면 가족 전체에 득이 될 것이다." "집안일에도 가치를 부여할 수 있다. 그래서 가족 구성원 각자가 집안일에 보탬이 될 수 있는 기회를 줄 수 있다." "나는 과거에 성공한 적이 있다. 단지 다시 시작하는 것이 문제일 뿐이다." "케이크만이 삶의 기쁨을 가져다주는 건 아니다."

내 목표와 관련해서 내가 키워나갈 수 있는 새로운 믿음은 무엇인가?

_____

_____

_____

_____

내가 지금부터 다르게 할 수 있는 것은 무엇인가?

미니 챌린지 : 하루에 10분만 투자하라

염두에 둔 계획이 있는가? 너무 중요해서 거기에만 전념할 엄두조차 안 나는 프로젝트가 있는가? 너무 거대해서, 어디서부터 시작해야 할지 도저히 모르겠는 프로젝트가 있는가? 이 미니 챌린지는 오늘 당장 그런 프로젝트를 시작하게 해준다. 단 10분만 이 목표를 달성하는 데 투자하라. 10분이라는 짧은 시간이 부담감을 덜어주기 때문에, 쉽게 일을 시작할 수 있을 것이다. 중요한 것은 하루에 모든 것을 하는 게 아니라, 매일 한 걸음씩 실천하는 것이다. 우리의 힘은 반복에서 나온다.

오늘 시작할 계획을 여기에 적고, 그 계획에 하루에 10분씩만 할애하라.

단계별 키워드 : **불평을 감사로 바꾸다**

날마다 감사한다!

불평을 그만두는 모험에 뛰어든 사람들은 불현듯 대화에서 뭔가 빠진 것 같다는 느낌을 받는다. 그러나 인간의 본성은 빈 공간을 좋아하지 않는다. 즉 이 빈 자리를 불평으로 다시 채워 넣으려 할 수도 있다. 그러므로 불평의 표현을 감사의 말로 바꾸는 것이 중요하다.

아래 표에 하루 중 축하할 일을 세 가지 적어라. 불평에 가려져 의식하지 못하고 지나간 일이어야 한다(완결된 프로젝트, 해결된 걱정, 한 줄기 햇살, 당신의 손을 잡아주는 아이 등). 그러고 나서 어떻게 감사를 표현할지 생각하라.

예: "나를 도와준 동료에게 고맙다고 말하러 가야겠다." "오늘 저녁 정말 재미있게 읽은 이 기사를 남편(혹은 아내)과 같이 읽어야겠다." "지난번 저녁 식사 때 내게 활짝 웃어준 친구에게 고맙다고 짧은 문자 메시지를 보내야겠다" 등.

세 가지 감사할 일	어떻게 감사를 표현할 것인가
1.	

2.	
3.	

미니 챌린지 :
저녁 시간에 축하할 일 이야기하기

오늘 저녁 식사 시간에(혹은 다음번에 사람들과 함께 식사하는 자리에서) 식탁에 모여 앉은 사람들에게 오늘 있었던 축하할 일을 얘기해보자고 하라. 각자 2~3분 정도씩 이야기하도록 하자. 재미있었던 만남, 흥미로운 기사, 포복절도한 일, 마무리한 프로젝트, 기분 좋았던 전화통화 등 어떤 이야기도 좋다. 내일로 미루지 말고, 당장 오늘 저녁에 실천하라!

오늘 시도할 준비가 되었다면 옆의 네모 칸에 표시하라. □

축하 테이블을 만들다

이 책의 챌린지들은 끝없는 불평을 감사와 축하로 바꾸는 것의 중요성을 강조한다. 이 개념을 구체적으로 받아들일 수 있도록 '축하 테이블'을 제안하고 싶다.

집에서 작은 테이블이나 선반을 준비해 축하의 공간을 만들어라. 꽃, 조개껍데기, 좋아하는 사람들 사진, 행복을 떠오르게 하는 이미지나 감사하는 마음이 담긴 물건들(당신이 좋아하는 공연의 티켓이나 영수증, 당신이 마스코트로 생각하는 물건 등)로 공간을 채우고 꾸민다. 감사와 축하의 마음이 들도록 물건을 더 추가하거나, 혹은 불필요한 물건을 치워서 상황에 맞게 공간을 꾸며라.

Tip 감사나 축하와 무관해 보이는 물건들도 테이블에 올려놓을 수 있다. 예를 들어 납세 신고서(세금을 지불했다는 것은 수입이 있으며 빈곤하지 않다는 뜻이므로)나 견디기 힘든 동료의 사진(당신에게 인내와 동정을 가르쳐주었으니까)을 올려놓을 수도 있다. 외출할 때는 이 중 한 가지 물건을 주머니나 가방에 넣어 가지고 다닐 수도 있다. 삶에서 감사와 축하의 마음을 더 많이 기억하게 해줄 것이다.

친구와 함께 축하하라!

우리는 감사를 겉으로 표현하는 법에 익숙하지 않다. 감사를 표현하려고 하면 처음에는 마치 외국어로 말하는 듯한 기분이 든다. 행복감을 표현하는 대신 벙어리처럼 입을 다물고 있게 된다(더 나쁜 경우는 같이 불평을 늘어놓는 것이다!). 이번 챌린지는 '감사 친구'를 찾는 것이다.

주변에서 한 사람을 선택한다. 매일도 좋고 이틀에 한 번 혹은 일주일에 한 번 그 사람과 만난다. 직접 만나면 좋지만 전화통화도 괜찮다. 이 '감사 친구'와 함께 당신은 문제없이 잘 풀리는 모든 일을 함께 나눌 수 있다. 좋은 방향으로 진행되고 잘 굴러가며, 당신이 성취했고 당신이 좋아하는 모든 일에 대해서 말이다. 이 성스러운 시간 동안은 감사에 몰입해서 다른 일은 생각나지 않을 것이다. 이 약속을 미루지 마라(분명히 안 하고 싶은 마음이 들 것이기 때문이다). 당신의 행복이 여기에 달려 있다!

도전을 마치고 나서

21일 뒤에

마더 테레사는 말했다. "삶이란 응해야 할 도전이고, 마땅히 누려야 할 행복이며, 시도해야 할 모험이다."

드디어 나는 불평 없이 연속 21일을 버텼다! 내 자신이 자랑스럽다. 여하튼 시간이 흐를수록 이 도전은 더 자연스러워졌고 더 단순해졌다. 결국 불평은 내 선택에서 점차 사라졌다.

이제 어떤 문제나 좌절감에 부딪혔을 때 선택할 수 있는 가능성의 폭이 넓어졌다. 예를 들면 다음과 같다.

• 관점을 바꿀 수 있다.

- 상황을 나에게 가장 좋은 쪽으로 되도록 빨리 바꿀 수 있다.
- 인내할 수 있다.
- 문제가 재발하지 않도록 조절하거나 피할 수 있다.

이제 더는 불평을 생각하지 않는다. 이것이 큰 위안이 된다. 장애물을 없애버렸다고 생각하니 안도감이 든다. 나를 오염시키고 내 삶을 만끽하지 못하게 하는 장애물, 나를 가로막고 피해자로 만드는 동시에 비난하는 사람으로 만드는 장애물 말이다.

이 도전을 시작하고 연속 21일 동안 불평하지 않겠다고 다짐하면 구체적인 낙관론을 키워나갈 수 있다. 이를 통해 자유로워지고 힘을 얻게 될 것이다. 좋은 힘, 진짜 힘, 문제를 해결할 수 있는 힘 말이다. 당신은 앞으로 나아갈 것이고, 자신을 편안하게 느낄 것이다. 스스로를 굳건하고 건강하며 의지가 굳은 사람으로 여길 것이다.

삶을 바꾸다

우리 안에 깊이 뿌리박고 있는 반응을 없애기는 쉽지 않다. 사실이 그러하더라도 과감하게 오늘 당장 시작하자. 그러면 내일부터는 마음속 깊이 바라는 삶을 더 평온하게 살아갈 수 있을 것이다. 내 블로그의 한 여성 구독자는 이렇게 말한다.

나탈리 "더도 말고 덜도 말고, 그저 내 자신이 자랑스러울 따름이에요! 실제로 나 자신이 속속들이 더 나은 사람이 된 것 같아요… 우리 딸들도 더 좋아진 것 같고요!

불평을 덜 하려고 노력한 뒤로 대화의 정신을 되찾을 수 있었답니다. 나는 상황을 한 번 더 설명해요. 내가 생각하는 존재, 내 마음 깊은 곳의 존재, 내가 되고 싶은 존재로 되돌아온 것 같은 기분이 들죠. 내가 이런 사람이란 게 행복해요. 불평할 때보다 훨씬 더, 사악한 마녀 '바바 야가'를 닮은 것 같다는 생각이 들 때와는 비교할 수 없을 정도로 행복하답니다!"

내일부터 모든 것이 장밋빛이지는 않겠지만, 날마다 당신은 더 나아질 것이고 새로운 방법을 찾아낼 것이다. 중요한 것은 시작하는 것이다.

이 도전은 아주 간단한 지침에 대한 설명서이다. 도전 자체를 위해 도전하지 말고, 당신의 평온을 위해 도전하기 바란다. 목표는 당신의 행복, 가벼운 마음, 삶을 음미하고 당신에게 주어진 나날을 만끽할 수 있는 기쁨이다.

진짜 효과가 있다! 나는 실제로 그 효과를 확인했다. 나처럼 이 도전을 하는 사람들에게 메시지를 받을 때마다 확인했다. 소통 방식을 바꾸고, 일상에서 겪는 좌절감의 원인을 직시

하면서 사람들은 자기 삶의 주인이 되었다. 또한 그들을 행복하게 해주는 일상을 '창조하기' 시작했다. 이들은 특별한 삶을 갈구하는 지극히 평범한 사람들이다.

불평 없이 자기 삶을 사는 것은 곧 '삶의 건강법'을 선택하는 것이다. 이것은 일상에서 요구되는 규칙이다. 우리는 매 순간 우리의 목표와 가치를 되짚어보아야 한다.

아리스토텔레스는 《니코마코스 윤리학》에서 이렇게 말했다. "우리라는 존재는, 끊임없이 반복하는 것으로 만들어진다. 따라서 탁월함은 어떤 행위가 아니라 습관이다."

이 도전은 대충할 수 있는 것이 아니다. 다짐하고 또 다짐해야 한다. 우리가 중요하게 생각하는 부분에서 끈기를 가져야 하고 나아져야 한다. 성공한 사람들(장애를 뛰어넘어 성공을 향해 나아간 사람들. 예를 들어 토머스 에디슨은 믿을 수 없을 만큼 수없이 실패를 겪은 뒤에 전기의 발견이라는 중대한 업적을 이루었다)은 공통적으로 '인내'라는 자질을 갖고 있었다. 이 도전을 통해 각자는 장애를 받아들이고 포기하지 않으며, 미리 기권을 선언하지 않고, 성공뿐 아니라 실패를 통해서도 배워나감으로써 한 걸음 한 걸음 나아갈 수 있다.

철학자 알랭은 《행복론》에서 이렇게 말했다. "비관주의는 기분의 산물이고, 낙관주의는 의지의 산물이다. 누구든 자기 감정을 그냥 내버려두면 우울해지게 마련이다."

불평을 그만두는 도전은 성공할 수 있다는 믿음에서 시작해야 한다. 더 이상 불평할 이유가 없는 삶을 '창조'할 수 있는 당신의 능력을 믿는 것이다.

이제 당신은 삶을 만끽하지 못하게 만드는 내적, 외적 요소들을 보다 확실하게 인식할 것이다. 또한 매일 조금씩 습관을 바꾸어나가고, 당신을 충분히 행복하게 해줄 삶을 만들어나갈 것이다. 이 도전은 당신의 것이다. 이 도전을 주도하고, 할 수 있다고 믿는 것은 당신에게 달려 있다. 성공할 수 있는 당신의 능력을, 나는 믿어 의심치 않는다.

마티아스 "이 도전을 통해 나는 불평이 무의식적으로 나온다는 사실을 알았어요. 그것을 바꾸려면 불평 자체가 아니라 불평을 하게 만드는 메커니즘을 규명하는 것이 중요하죠(대개 자신도 모르게 불평하며, 막을 수가 없다). 그렇지 않으면 우리는 수도꼭지를 틀어놓아서 물이 나오는 것도 모르고 계속 바닥만 닦고 있는 사람과 같은 거예요!"

"나는 1월 1일에 불평을 그만두기로 결심했습니다. 처음부터 이 도전을 알았고 정말 하고 싶었지만, 가능할 것 같 **마리-로르** 지 않았죠. 부담감을 버리고 나를 믿기까지는 6개월이 걸렸어요. 내가 걸림돌이라고 생각했던 것은 무엇보다 이 도전이 내겐 너무 어려워 보였다는 거예요. 게다가 불평이 일상에 깊이 배어 있어서, 불평한다는 사실을 의식조차 못했죠. 갑자기 삶에 큰 변화를 가져올 준비도 되어 있지 않았어요. 이를 테면 우리 가족의 문화나, 불평을 바탕으로 맺어진 관계들을 멀리하는 것 말이에요.

그러다 마침내 행복한 삶을 살고 싶다고 마음먹었고, 부정적인 인간관계를 피하면 분명 이로울 거라고 생각했어요. 불평하는 사람들을 거부하지 않고, 근본적으로 해로운 이 습관에 빠지지 않겠다는 내 선택을 날마다 의식하죠.

나는 누군가의 불평을 들어줄 수 있어요. 하지만 그 불평이 나를 오염시킨다고 느끼면 과거와 달리 살짝 선을 그어요. 이제는 나를 어떻게 존중해야 하는지 알 수 있어요. 자신을 존중하는 더 나은 방법을 찾았다고 할 수 있죠.

나는 나를 재구성하는 과정의 초기 단계에 있을 뿐이지만, 적절한 순간에 이 도전을 선택한 것 같아요. 덕분에 확실한 자신감이 생겼고, 내 선택을 확신하게 되었죠. 나는 행복하게 살고 싶고, 주변에 긍정적인 사람들이 있으면 좋겠어요. 그들의 긍정적인 면을 느끼고 싶어요."

1. 에드윈 게인스Edwene Gaines의 《풍요로움을 위한 네 가지 영적 법칙The Four Spiritual Laws of Prosperity》(Rodale Books, 2005)과 윌 보웬Will Bowen의 《불평 없이 살아보기: 삶의 기적을 이루는 21일간의 도전A Complaint Free World: The 21-day challenge that will change your life》(Virgin Books, 2007)이 가장 잘 알려져 있다.

2. 에이브러햄 매슬로Abraham Maslow, 《종교, 가치, 절정 경험Religions, Values and Peak Experiences》, Ohio State Univ. Press, 1964.

3. 이 챌린지는 이브 알렉상드르 탈만Yves-Alexandre Thalmann이 쓴 《낙관적 삶을 위한 워크북Petit Cahiers d'exercices pour voir la vie en rose》(Édition Jouvence, 2010)을 바탕으로 한 것이다.

4. K. 펠릭K. Ferlic, '정신의 습성: 무한한 창조성을 발산하라A releasing you unlimited creativiy'의 토론 주제, RYUC, 2008.

5. 안젤레스 아리엔Angeles Arrien, 《4정도: 전사, 스승, 치유자, 선지자의 길을 걷기The Four-Fold Way: Walking the Paths of the Warrior, Teacher, Healer and Visionary》, Harper One, 1993.

6. 이브 알렉상드르 탈만, 《낙관적 삶을 위한 워크북》, Jouvence, 2010.

7. 데이비드 D. 번즈Davie D. Burns, 《필링 굿: 새로운 기분 치료법Feeling Good: The New Mood Therapy》, William Morrow and Company, 1980.

8. www.psychologies.com

9. 더 자세한 내용은 www.nianow.fr을 참조하라.

10. 필자의 홈페이지 www.christinelewicki.com/oser에서 '과감하게 똑똑해져라: 그 의미와 중요성'이라는 강의를 무료로 들을 수 있다.

11. 헤일 도스킨Hale Dwoskin,《세도나 명상법: 마음의 평화와 감정의 자유, 영원한 행복과 성공으로 가는 길The Sedona Method: Your Key to Lasting Happiness, Sucess, Peace and Emotional Well-being》, Sedona Press, 2003. (더 자세한 사항은 www.sedona.com 참조)

12. 기업에서 환경의 변화와 불안정을 성과가 향상되는 방향으로 관리하는 것. 환경과 조직, 조직의 구성요소들을 장기적이고 지속적으로 관리해야 하며, 결국 구성원 개개인의 변화를 통한 조직의 소통과 상호작용을 목표로 한다.

13. 고든 트레이닝 인터내셔널Gordon Training International이 개발한 '새로운 기술을 익히기 위한 4단계Four stages for learning any new skill'.

14. 마시 시모프Marchi Shimoff,《이유 없이 행복하라: 지구상에서 가장 행복한 사람들이 들려주는 21가지 행복 습관Happy for No Reason: 7 Steps to Being Happy from the inside out》, Atria Books, 2009.

15. 마크 트웨인,《잔 다르크에 관한 사적인 회상Personal Recollections of Joan of Arc》, Haper & Brothers, 1896.

16. 조르주 르사주(일명 게오르그 가노타키스Geroge Ghanotakis),《동굴과 수호천사La Caverne et l'Ange gadien》, Édition Porte-bonheur, 2005에서 발췌.

17. 바이런 케이티,《네 가지 질문: 내 삶을 바꾸는 경이로운 힘Loving What is: Four Questions That Can Change Your Life》, Three Rivers Press, 2002.

18. 폴 Z. 잭슨Paul Z. Jackson, 마크 매커고Mark Mckergow,《솔루

션 포커스: 코칭과 단순하게 바꾸기The Solutions Focus: making coaching and change simple》, Nicholas Brealey Publications, 2007.

이 책을 쓰는 데 참고한 자료들과, 이 도전에 도움을 줄 수 있는 도서 목록

Christophe André, *Imparfaits, libres et heureux*, Odile Jacob, 2009

Thomas d'Ansembourg, *Cessez d'être gentil, soyez vrai : être avec les autres en restant soi-même*, Éditions de l'Homme, 2014 (DVD inclus)

Angeles Arrien, *Les Quatre Voies de l'initiation chamanique*, Véga, 2004

Marcelle Auclair, *Le Livre du bonheur*, Seuil, 2004

Marc Aurèle, *Pensées pour moi-même*, Flammarion, 1999

Will Bowen, *21 jours sans se plaindre*, Éditions de l'Homme, 2015

David D. Burns, *Se libérer de l'anxiété sans médicaments : la thérapie cognitive, un autotraitement révolutionnaire de la dépression*, J.-C. Lattès, 1996 (voir aussi son site en anglais : www.feelinggood.com/Dr_Burns.htm)

Dalaï-Lama (avec Howard Cutler), *L'Art du bonheur : sagesse et sérénité au quotidien*, J'ai lu, 2000

Anne Dufourmantelle, *En cas d'amour: psychopathologie de la vie amoureuse*, Rivages, 2012

Hale Dwoskin, *La Méthode Sedona : l'art du lâcher-prise*, Éditions du Gondor, 2010

Épictète, *Manuel d'Épictète*, Flammarion, 1999

Adèle Faber et Elaine Mazlish, *Parler pour que les enfants écoutent, écouter pour que les enfants parlent*, Éditions du Phare, 2012

Adèle Faber et Elaine Mazlish, *Jalousies et rivalités entre frères et sœurs*, Stock, 2003

Daniel Todd Gilbert, *Et si le bonheur vous tombait dessus*, Robert Laffont, 2007

Laurent Gounelle, *Dieu voyage toujours incognito, L'Homme qui voulait être heureux*, Anne Carrière, 2010

Byron Katie, Stephen Mitchell, *Aimer ce qui est : vers la fin de la souffrance*, Ariane, 2003

Wayland Myers, *Pratique de la communication non violente : établir de nouvelles relations*, Jouvence, 2007

Matthieu Ricard, *Plaidoyer pour le bonheur*, Nil Éditions, 2003

Marshall B. Rosenberg, *Les mots sont des fenêtres (ou bien ce sont des murs)*, La Découverte, 2004

Marshall B. Rosenberg, *La Communication non violente au quotidien*, Jouvence, 2003

Don Miguel Ruiz, *Les Quatre Accords toltèques : la voie de la liberté personnelle*, Jouvence, 2005

Sénèque, *De la tranquillité de l'âme*, Mille et une nuits, 2003

Sénèque, *De la brièveté de la vie*, Mille et une nuits, 1998

Sénèque, *De la vie heureuse*, Flammarion, 2005

Sénèque, *Lettres à Lucilius*, Mille et une nuits, 2002

Marci Shimoff, *Heureux sans raison : la quête d'un bonheur pur et véridique*, Monde différent, 2009

Yves-Alexandre Thalmann, *Les gens heureux ne s'inquiètent pas de savoir si c'est vrai : ils se racontent de belles histoires*, Marabout, 2014

Yves-Alexandre Thalmann, *Petit Cahier d'exercices pour voir la vie en rose* (illustré par Jean Augagneur), Jouvence, 2015

Yves-Alexandre Thalmann, *Petit Cahier d'exercices d'entraînement au bonheur*, Jouvence, 2009

Yves-Alexandre Thalmann, *Petit Cahier d'exercices pour vivre sa colère au positif*, Jouvence, 2014

Eckhart Tolle, *Le Pouvoir du moment présent*, J'ai lu, 2010

Eckhart Tolle, *Nouvelle Terre : l'avènement de la conscience humaine*, Ariane, 2005

Marianne Williamson, *Un retour à l'amour : manuel de psychothérapie spirituelle : lâcher prise, pardonner, aimer*, J'ai lu, 2010

당신의 아이를 위한 책

Gary Anderson, Adrien Bernard-Reymond, *Contes par-delà l'horizon*, Pourpenser, 2009

Lise Daulin, *Juste une rencontre*, Pourpenser, 2007

Pierre Hedrich, Galou, *La Tache rouge*, Pourpenser, 2009

Stéphanie Léon, *Le Dragon qui se regardait le nombril*, Pourpenser, 2006

Aline de Pétigny, *Petites Pensées à l'endroit*, 4 tomes, Pourpenser, 2004

Aline de Pétigny, *La Légèreté d'Adélaïde*, Pourpenser, 2006

Aline de Pétigny, *Lili colère*, Pourpenser, 2010

Aline de Pétigny, *Le Prince et le Sage*, Pourpenser, 2004

Aline de Pétigny, *La Princesse et la Bergère et deux autres contes*, Pourpenser, 2007

비폭력 대화법 관련 인터넷 사이트

작가 토마 단셈부르Thomas d'Ansembourg(비폭력 대화 전문 강사이자,《친
　　절한 척은 그만하고 솔직해지자: 자기 자신으로 타인과 함께하기Cessez d'être
　　gentil, soyez vrai : être avec les autres en restant soi-même》의 저자)의 웹
　　사이트 : www.thomasdansembourg.com
긍정적 갈등 관리 웹사이트 : users.skynet.be/martine.marenne
한국 비폭력대화 센터 : https://www.krnvc.org:5009/index.aspx

비폭력 대화법

다음에 제시하는 표현들은 불평하지 않고 좌절감을 털어놓는 데 도움이 될 것이다. 우리는 속마음을 표현할 적절한 단어를 몰라서 불평하는 경우가 종종 있다. 나는 앞서 마셜 B. 로젠버그의 비폭력 대화법이라는 도구를 참고했다. 이 도구와 더불어 아래의 표가 우리를 불평에서 구원해줄 것이다.

인간이라면 누구나 갖고 있는 욕구(우리 욕구 중의 일부)

행복/생존	
안식처	호흡
음식, 물, 배설	감각적 자극
성욕	안전(감정적, 물질적)
빛	보존(시간, 에너지)
이동, 휴식	보호
생식(종의 생존)	
자율성	
자유	꿈/목표/가치를 선택하다

상호의존	꿈을 실현할 수단을 선택하다
상호의존	
수용	소속
애정, 사랑	감사
인간적 온기	배려
신뢰	[타인 및 나 자신의] 삶에 대한 기여
성취	
학습	성장, 변화
진정성	표현
미美, 조화	영감
인식	통합성
창의성	평화
실현	
의미, 이해, 방향	신의, 정직 [우리의 한계에서 교훈을 이끌어냄]
영성	
자율성	
자유	꿈/목표/가치를 선택하다
상호의존	꿈을 실현할 수단을 선택하다
상호의존	
수용	[타인 및 나 자신의] 삶에 대한 기여
애정, 사랑	주고받기[관심, 애정, 사랑, 자애]

소속	공감
감사	친밀감, 밀접함
인간적 온기	나눔, 참여
신뢰	자기 및 타인에 대한 존중
배려	
유희	
감정 발산	레크리에이션, 자원
감사	
삶과 성취한 것에 감사하기	슬픔과 상실(사랑하는 사람, 꿈)에 대한 애도, 제사, 기쁨과 고통을 나눔

출처: © Association pour la communication non violente, nvc-europe.org/France and nvcwiki.com

욕구가 충족되지 않았을 때 느끼는 감정들

낙심한	겁에 질린	두려워하는
고달픈	걱정(이 많은)	긴장된
굶주린	갈망하는	염려하는
번민하는	반감(을 갖다)	황망한
미칠 듯한	상처 입은	의기소침한
짜증 난	막막한	실망한
불안한	우울한	불쾌한
날카로운	슬퍼하는	혼란에 빠진

겁먹은	충격적인	좌절한
지옥 같은	애끓는	옹색한
쓰라린	연루된	뒤떨어진
괴로워하는	당황한	화가 난
증오(에 찬)	아연실색한	쇠약한
근심하는	유감스러운	흐트러진
무기력한	노한	맥 빠진
어리둥절한	기진맥진한	게으른
어쩔 수 없는	격양된	활기 없는
절망한	불만스러운	조마조마한
애석한	지친	불만에 찬
냉담한	고단한	불안정한
고통스러워하는	허약한	무감각한
기막힌	무서운	불균형한
위태로운	답답한	탐욕스러운
역겨운	노발대발하는	놀란
질겁한	조심하는	신경질이 난
거북한	악의 있는	싫증 난
부담스러운	열망하는	갑갑한
복잡한	망설이는	불편한
졸린	수치스러운	불행한
조급한	분개한	못마땅한
곤란한	거슬리는	경계하는

격분한	열불이 난	침울한
시기하는	물적한	도의적(이지 않은)
공포에 사로잡힌	안달하는	비탄에 빠진
고난에 빠진	무능한	신경질적인
지친	'골치 아픈'	공황 상태에 빠진
초주검이 된	설득하기 어려운	마음이 아픈
얼빠진	우유부단한	당혹스러운
과격한	무심한	어지러운
비관적인	번뇌하는	과도한
마음을 쓰는	서글픈	공격적인
주저하는	혼란한	의구심의
물린	깊은 상처를 입은	혐오감의
회의적인	기분이 상한	거부감의
질책하는	멍한	죄의식의
외로운		권태로운
마음을 쓰는	충동적인	무료한
의심하는	상심한	두려움의
어안이 벙벙한	따분한	안쓰러운
극도로 흥분한	기분이 좋지 않은	억울한
기겁한	음산한	유보적인
고뇌하는	어두운	한스러운